平凡社新書
910

顔の読み方
漢方医秘伝の観相術

丁宗鐵
TEI MUNETETSU

JN143142

HEIBONSHA

はじめに

私が初めて「観相《かんそう》」と出会ったのは、高校2年生の古文の授業でした。

当時、私のクラス担任であった雨海博洋《あまがいはくよう》先生は、高校で国語と古文を教える傍ら、自ら平安文学を研究して数多くの解説書を出版している、とても研究熱心な先生でした。

その雨海先生から、『源氏物語』の「桐壺《きりつぼ》」の巻の講義を受けたときのことです。「桐壺」には光源氏の誕生から12歳になるまでが書かれていますが、その冒頭で高麗国《こまのくに》からやってきた観相博士が、帝の息子である幼い光源氏の顔を見て「ある予言」をします。この観相による予言こそ、後の光源氏の人生を暗示し、『源氏物語』の複雑な展開を示唆する重要な伏線だったのです。

このように観相は平安貴族の生活では当然の常識で、帝の皇子の処遇や運命でさえ観相に従うという「観相の影響力」の大きさに、私はとても驚きました。それと同時に、源氏の人生に決定的な影響を与えた「高麗人の観相博士」の存在から、観相などの人相見は東アジア圏共通の文化であることを認識したのです。

この古典の授業がきっかけとなり、私は日本ばかりでなく中国や韓国の文献にも目を通すようになり、観相への関心を持ち続けました。

その後私は、医科大学に進学して現代医学を学ぶ傍ら、個人的な興味から漢方医学を数々の大家について学びました。そして、名医の診療を見て、漢方医学の診察法こそ観相そのものではないかと思うようになりました。

漢方医学による診察の真髄は、単に顔色や舌など体の一部分を診るだけではなく、五感を駆使し、全身を診て病態を総合的に判断するところにあります。そのためには現在の健康状態はもちろんのこと、生まれ持った体質や過去の症状や疾病、家族の病気をも読み解く洞察が必要です。そこから患者さんの現状を分析して原因を推察し、さらによりよい予後になるように治療計画を組み立て、再診でこのプロセスと仮説が合っているのか確認します。逐次修正を繰り返しながら、精度を上げていく方法です。これが漢方医学であり、単に現在の症候に合わせて漢方薬を処方することではないのです。数多くの漢方の大家、名医について勉強するにつれ、観相の力量こそが漢方医の腕であると感じたのです。

このことに気づいた私は、漢方医学とともに観相についても研究を重ね、日本の伝統医学である漢方医学と観相が、互いに強い影響を与え合いながら発展していたことを確信したのです。

一般的に「観相」というと「未来を予測する方法」と思われがちです。ところが実際には、先を見通すだけでなく、その人の過去に起こった出来事や現在の状態までも分析し、推察して言い当てることが大切なのです。

たとえば、患者さんが過去にどういう生き方や病気をしてきたのかを推察し判断した上で、現在の健康状態を的確に把握し診断しなければ、初対面の相手からの信頼を得ることはできないでしょう。このような作業ができて初めて、その人の未来や治療による修正をシミュレーションすることができます。

この手順こそ、まさに漢方医学の診断と観相の共通点なのです。

このように「漢方医学」と「観相」の共通点に非常に興味を持ち、私は今日まで研究を続けてきました。

観相は一見複雑で素人には難しいように思われますが、実はその本質は至って明快で、複雑なものではありません。要は素朴な第一印象を経験に基づいて整理したもので、パターン認識と直感で集めた統計とでもいうべきものです。

本書ではこれらの本質を、ごくわかりやすくまとめてみました。観相に興味を持つ一般の方にも、医学の専門家にも参考になるものではないでしょうか。

本書は、私が高校生だったころから50年以上にわたって調査・研究を続けてきた「漢方医学」と「観相」の関係性についてまとめた、まさに集大成ともいうべき一冊です。

本書を完成するにあたり、ご協力いただきました岡本由希子様、高木真明様、萩原晴一郎様、刀根由香様に深く御礼申し上げます。

丁宗鐵

顔の読み方●目次

第4章 観相と漢方医学の密なる関係……121
――顔・肌・髪に表れる体質と病気の予兆

第1章

顔に隠された膨大な情報

——顔から何を読み解くのか

観相は人の進化から必然的に生まれた

人の顔や表情を中心とした観察を通じて、その人となり、性格、運命などを推察することを観相、相学、あるいは人相見などといいます。観察の対象は顔が中心ですが、顔に限定されず、体の全体もその対象になります。本書ではこれらの顔を中心とした観察法を「観相」として論を進めます。

十人十色という言葉があるように、人は内面も見かけも異なり、それぞれ個性を持っています。そして〝顔〟も人の個性のひとつでしょう。

顔は目、鼻、口、額、耳、顎といったさまざまな部位から成り立っており、その一つひとつに個性があり、さらに髪形や表情によって個性が彩られていきます。

人が人と接するとき、最初に見るのは顔と表情でしょう。相手の顔から他者と識別し、その表情から相手がどんな状況や状態にあるのかを認識します。人は相手の顔を見ることで、無意識のうちにいろいろな情報を入手し、そこから判断を下しているのです。

観相学（人相学）は千差万別の人相を細かく調べ、長い年月をかけてパターンを収集し系統的に分類・分析をして、研究を重ねてきました。このことからも、個々の人相の特徴によってその人の性格や気質、あるいは才能といった目に見えない内面を明らかにするのが観相学だといえるでしょう。

考えてみれば、昆虫から動物に至るまで、生き物のうちで顔を個体識別に役立てているのは人間くらいのものです。

自然界のほとんどの生き物たちは体の色や模様、あるいは匂いといったもので個体を識別しています。

チンパンジーやゴリラといった類人猿は人間に近い種とされ、愛知県にある日本モンキーセンターのスタッフは、飼育しているニホンザルの顔を見れば見分けがつくといいます。そしてニホンザルのほうも、人間の顔を見分けているそうです。

しかし、先述したように、地上にいる生き物のうち、顔によって個体識別のできる種はごくわずかであり、ほとんどの生き物にとっての顔は呼吸をしたり、物を見たり、あるいは食べ物を摂取したりする器官の集合体でしかないわけです。

人間は、顔によって個体差を表すことで進化してきた生き物ですから、体よりも顔のほうに個体差が顕著に表れます。

「目は口ほどにものを言う」ではありませんが、体を見るより、顔と表情を見たほうがその人の内実がわかる――そんな理由から、人間は顔を見ることでその人の健康や運勢を予想しようとし、さらにその再現性を高めることで観相は発達してきました。

つまり、観相は人間の進化の過程で生まれるべくして生まれたパターン認識であり、ごく自然に派生した考え方だといえるのです。洋の東西に共通しているのも、このためです。

東洋と西洋で変遷を遂げた観相学

観相学はアジアやヨーロッパなど、世界各地でそれぞれに変遷を遂げてきました。

ヨーロッパでは紀元前の世界に生きた古代ギリシャの哲学者・アリストテレスが顔と性格の関係について研究していたといわれていますし、アジアでは古代中国やインドで顔からその人の運命を探っていこうとしました。

人は弱い生き物ですから、困ったときや弱ったときに自分以外の誰かに「自分はどうなるのか」「どうすべきなのか」を示してほしくなることがあります。それは太古の世界に生きていた人々も、さまざまな情報に満ちあふれた世界で暮らす現代人も同じです。

古《いにしえ》から人々は困ったときに占星術や四柱推命《しちゅうすいめい》（中国で陰陽五行説をもとに誕生した占術）、

水晶占いといった〝占い〟に頼ってきました。そしてその占いのひとつが、顔や骨格で運勢を読む観相だったのです。

アリストテレスや麻衣道者《まいどうしゃ》（中国宋時代の道士）がまとめたとされる東西の観相学にしても、変遷をたどる中で運命学、予言学としての色を濃くしながらその方法が確立されていきました。膨大な科学的データの蓄積がある現代社会では、医学などの知識がなくてもあらゆるデータに基づいた観相を駆使して「病気の経過と未来予測」が可能になり、人の運命も言い当てられるようになるかもしれません。

アジアとヨーロッパ、それぞれで変化を遂げてきた観相学ですが「何から導き出すか」という点においてだいぶ異なっています。

ヨーロッパの観相学は18世紀、近代観相学の祖として知られるスイスの観相学者・ラファータが体系を確立し、世に広めたといわれていますが、ヨーロッパでは顔や頭の形を観ることでその人の個性、能力を分析し、コミュニケーションを図る一助としました。

一方、アジアでの観相学は、これは漢方などの医学もそうなのですが、現在の症状、状態だけではなく、その病気がどのように変化していくのか、その人の命はあとどれくらい持つのか、そういった〝予後〟を察知する手法として広まっていきました。その結果、アジアの観相学は予言学、運命学としての意味合いを深めていったのです。

『源氏物語』の鍵

運命学、予言学としての観相学は日本の古典にも登場しています。『源氏物語』の中で〝観相〟が出てくるのは物語の序盤である「桐壺」の巻です。渤海国《ぼっかい》（698〜926）からの使者として来日していた高麗（〜紀元後668年）の人で、観相の名人（博士）が帰国することになった際、時の天皇（桐壺帝）は自分の落胤《らくいん》（身分の高い男性が妻以外の女性に生ませた子）である光源氏をその観相家に観てもらうことにしました。

するとその観相家は、光源氏の人相を観て大層驚き「この人はすごい相を持っている。間違いなく、天下を治める相を持っている」と言い、さらに「しかしこの人が天下を治めると、世の中が乱れ、人民が苦しむことになる」とつけ加えたのです。

その予言を聞いた桐壺帝は光源氏を跡継ぎにはできないと考え、皇族から臣下の籍へ降下させ、〝源氏〟の姓を与えました。

つまり『源氏物語』は観相家の予言から始まる物語であり、観相を抜きにして『源氏物語』を語ることはできないわけです。

『源氏物語』の中で観相が取り上げられているということは、平安時代中期においても皇族や貴族などの上流階級の間では、観相がごく一般的に扱われていたことを意味していま す。

当時の日本には倭相《やまとそう》という日本流の観相がすでに存在していました。『源氏物語』にも桐壺帝は当初、倭相で光源氏を観てもらう予定だったと記されています。ですが、桐壺帝はやはり、本場からやってきた観相家に信頼を置いていたのでしょう。

このように、平安時代は上流階級の中だけで扱われていた観相ですが、その後、江戸時代中期に南北相法を確立した観相学の大家・水野南北《みずのなんぼく》が現れ、観相学は広く社会に浸透していくことになります。

それまでは体全体を見て、いろいろなことを判断していた観相ですが、明治時代以降は〝全体〟から、より〝顔〟に焦点を当てた手法に移っていきます。

明治以前の社会は、アジアにしろ、ヨーロッパにしろ、生まれたときからある程度階級が定められている身分社会だったため、その人の格好や身につけているものを見れば、生まれ育ちについておおよその見当がつきました。

しかし、身分制のなくなった明治以降の社会はそれまでのユニフォーム社会から一変します。髪形や服装も身分や職業に縛られなくなったため、一見しただけではその人物のベースとなる環境や背景がわからず、「人となり」を判別することが難しくなってしまいました。

そんな理由から、観相も全体から判断するのではなく、顔あるいは体型というものに焦点を絞り、そこから答えを導き出す手法に集約されていったのでしょう。

千利休は茶室で観相をしていた？

戦国時代から安土桃山時代にかけて〝侘《わ》び茶〟をつくりあげた茶道の始祖、千利休。実は千利休も茶室の中で観相をしていたのではないかと私は考えています。

茶道とは日本人の〝おもてなしの心〟を表したものであり、さまざまな作法を取り入れることによってその文化を継承してきました。

茶の席では所作、振る舞いといったものがとても大切になってきます。私は千利休が茶の席で来客をもてなしつつ、相手の所作、振る舞いを見ることで考え方の癖や性格を読み解き、将来性を占う〝観相〟に近いことをしていたのではないかと考えています。

「狭い茶室という空間で千利休は観相をしていたのではないか？」

　これはあくまでも私説なのですが、千利休は観相の技術を持っていたからこそ、織田信長や豊臣秀吉といった戦国武将に重用されたのではないかと思うのです。

　毎日が命懸けの戦いの連続だった戦国時代は、謀反《むほん》も頻繁に起こりました。明智光秀が織田信長に謀反を起こした「本能寺の変」はあまりにも有名ですが、当時は信頼していた部下に寝首を掻《か》かれるようなことがしょっちゅう起こっていました。

　戦国時代の武将たちは敵対する勢力の動向を窺《うかが》いつつ、味方の中に裏切り者がいないかどうかにも細心の注意を払う必要があったのです。

　武将たちがもっとも関心を寄せ、一刻も早く知りたがったことは「裏切り者は誰か？」ということです。裏切りそうな部下の存在を早急に察知し、寝首を掻かれる前に対処する。その裏切り者の気配を察知する上で、千利休は重要な役割を担っていたのではないでしょうか。

　千利休が活躍していた当時は四畳半ほどの大きさの茶室が主流でした。しかし千利休はあえて一畳半、あるいは二畳ほどの茶室を好みました。

わずか二畳ほどの狭い空間なら相手の表情のみならず、その息遣いまでも手にとるようにわかったことでしょう。

千利休は来客を茶でもてなしつつ、その表情、所作から相手が何を考えているのかを読み取り、時の武将たちにさまざまな助言をしていたのではないか。私はそう考えています。


ただ単にお茶を飲むだけの場であるのなら、茶道が日本を代表する文化として現代まで脈々と受け継がれることはなかったはずです。

茶の湯はその静寂の中に人間対人間の真剣なやりとりや駆け引きがあり、戦国時代は茶室こそ腹の探り合いの場でもあった。そして千利休は数多いる茶人の中でも相手の心を正確に読み取り、未来を予測する術《すべ》に長《た》けていた。だからこそ、織田信長や豊臣秀吉といった武将たちに重宝がられたのではないでしょうか。


時代を経ても権力者というものは孤独な存在であることには変わりはないようです。戦国武将が千利休にすがったように、近代から現代の社会においても政財界の権力者たちが時に占いにすがったり、予言者を頼ったりすることは決して珍しいことではありません。いつの時代も強大な権力を握った人間は孤独なのです。時の権力者たちはその不安を打ち消すために、観相やその他の占いのような予言学にすがりつくしかなかったのかもしれません。

余談になりますが、茶室は人間対人間の真剣なやりとりの場であることから、私は自分の診療所を開く際に、所内のデザインに茶室の要素を取り入れました。診療室には丸窓をつけ、天井は網代《あじろ》にし、壁には土壁に見えるような壁紙を使っています。待合室から診療室へと続く床には飛び石をイメージした意匠も施しています。患者さんは私の診療所へ命懸けでやってくるわけですから、私も命懸けで接しなければいけない。その決意を示すために私は診療所にこのような茶室の伝統を取り入れたのです。

予防学として発展したアジアの観相学

先述した「顔を見て運命を予言する」という手法はアジア独特の考え方であり、ヨーロッパの観相学とはかなり異なるものです。

アジアでの観相学はインドと中国が発祥とされており、その後、朝鮮半島を経て仏教とともに日本に上陸したと考えられます。

古代中国では観相学は〝相学〟や〝相人〟と呼ばれ、その名の通り、相手を観る、人を観ることを目的とした学問でした。

中国では外から体を観察して運勢を占うことを相学、相法、相術などといいます。相学は顔、表情（額相）、手（手相）、骨格、体格（骨相）、五臓五官の機能、言行など、全身を観ることを基本としています。全身の相や機能をすべて観た上で占うことが基本ではありますが、依頼者が上位階級だったり、女性だったりした場合、衣服を脱がせて観ることは失礼にあたるため、衣服を身につけたまま行える額相や手相がとくに発達していったのです。

中国の文献に残る歴代の観相家には姑布子卿《こぶしきょう》（春秋時代）、達摩《だるま》（中国禅宗の開祖）、麻衣道者（宋時代）、岩電道人（金時代）、胡僧（西漢〔前漢〕時代）などがおり、インドの文化や仏教に通じた人物も多いことから、観相はインドや中国西域の影響を強く受けていることがわかります。

昔の中国では手相も観相も相学のひとつだったのです。そして中国ではこの相学が、人や土地、自然の運命・運勢を予測・予言するありがたい教えとして広まり、朝鮮半島にも伝わっていきました。

その後朝鮮半島に伝わった相学は、さらに運命・運勢の予測判断方法としての色合いを濃くしていきます。

相学は予測手段として用いる占いのひとつとして人気を高めながら、時代を経るにしたがって当時の医療とも密接な関係を持つようになりました。

人の全身を総合的に見て、未来を予測することは、すなわち過去から現在までの健康状態を見つつ、その先に何が起きるか、どんな変化があるかを予測することでもあります。当時の相学は、病気などの不測の事態を事前に予知し防ぐ〝予防学〟として医療と密接な繋がりを持っていきました。そして時代を経て、次第に相学が医療とは離れ、独立した形で進化を遂げていきます。

医療も外科、内科から始まって、その後さまざまな分野に細分化されていったように、相学も手相や人相見、姓名判断などに細かく分かれ、その中のひとつとして〝観相学〟が確立され、日本に入ってきたのです。

では観相学はいつごろ日本に渡ってきたのでしょうか？

それを知るために、私は日本に残る文献をいろいろと調べました。その結果、観相学を著した日本でもっとも古い文献、『医心方《いしんほう》』を見つけることができたのです。

日本最古の医学書にも人相見が載っている

平安時代中期、宮中医官（宮中に仕えた医師）だった丹波康頼《たんばのやすより》によって編纂《へんさん》された『医心方』は日本最古の医学書として知られています。この書を朝廷に献上した康頼は丹波宿禰《すくね》姓を賜り、医家丹波氏の祖となりました。

『医心方』は中国の隋・唐時代の医学書のダイジェスト版ともいえるもので、医師の倫理・心得から医学総論、各種疾患に関する治療法や医療技術、保健衛生、養生法まで、多岐にわたる情報が全30巻に網羅されています。

しかもこの『医心方』には、当時の〝観相学〟についても第24巻「占相篇」で触れられています。

中国では、王朝が代わるたびにそれまでの学問や思想を否定し、文献などを破棄したり、焼却されることが多かったため、今の中国には隋・唐時代の観相学に関する古い文献があまり残っていません。そんなこともあって、当時のアジアの観相学を知る上でも『医心方』は貴重な資料とされているのです。ですから中国から朝鮮、そして日本へと伝わった観相のルーツが『医心方』を見ればわかるといえます。

丹波康頼は『医心方』を編纂するにあたり、自分の意見、主張は一切記していません。ただひたすらに、中国の文献の要点をまとめることに注力しています。脚色や文飾は一切なされておらず、それだけに当時を知る文献として現代でも非常に重要とされているわけです。

『医心方』第24巻の第26章には「男子の外見による吉凶の占い方」が載っており、そこでは古代中国で理想とされていた男性像が記されています。

その理想とされた男性像の要点をまとめると、こんな感じになります（筑摩書房刊・槇佐知子全訳精解『医心方』より抜粋）。

【全身】

・骨格が頑丈で体が四角い

・歩く姿勢はまっすぐに背を伸ばし、ゆっくりしている

【顔】
・四角張って平らか
・目は正しく物を見、邪悪さが見えない
・頬は百獣の王、獅子の頬のよう

【表情】
・語るときはごくゆっくりと話す
・相手の顔色を窺わないのは君子の相
・盗み見したり、相手の顔色を窺うのは、卑しい気質の人間

【声】
・鐘鼓《しょうこ》のように重々しく余韻があり、鈴のように凜々と澄んでいるのは賢者の吉相

また、第26章には歴史上の人物を取り上げ、人相論を紹介したりもしています。

・人の吉凶は身長が高い者だけが吉で、低い者が凶というものではない（古代中国五帝のひとりと伝えられる聖王の舜《しゅん》は、身体がきわめて短小であった。名君と讃えられる周公もまた小柄であり、楚の葉公も小柄であった）

・周の霊王は、生まれたときに口髭《ひげ》があった。これは吉相である

・武王は歯が重なって生えていた。これは剛毅で強い相である

男性像を紹介した第26章に続き、第27章では「女子の外見による吉凶の占い方」も載っています。章の前半では娶《めと》ってはならない女性の凶相について、さらに後半には吉相が解説されています。

そのチェック項目も顔形のみならず、毛髪、歯、口臭、歩き方、座り方、姿勢、ホクロ、皮膚の色、舌、手足の爪といった細かい部分にまで言及しています。

女性が市で売買されるような、男尊女卑の思想や文化が横行していた古代中国の女性像ですから、現代から見ると差別的な部分も多々ありますが、その一部をご紹介しましょう。

【娶ってはいけない女性】

・黄髪（黄味を帯びた白髪）で歯が黒く、息の匂いが臭く、まっすぐに歩かず、正しく座らない者

・虎のようないかつい顔や蛇のような目、白目がちで黒目が小さく、淫《みだ》らで邪《よこしま》な者は夫を欺く

・口の上にホクロがあれば他人の夫を愛するようになるから娶ってはいけない

・爪の幅が狭くて乳房が小さく、手足がみにくい者は必ず夫を貧窮にするから娶ってはならない

・皮膚が厚く、骨格が頑丈で、肌の色が真っ赤な者は、夫を早死にさせるから娶ってはいけない

・蛇のように歩いたり、雀のように走ったりする者を娶ると金儲けができない

【女性の吉相について】

・歯が白く、目は黒目と白目がはっきりと分かれていること

・物を見るときには正しくまっすぐに仰ぎ見て、邪なものがなく、目もとが涼しいこと

・声は大きく、鼻は小さくて篇《ふだ》（竹簡――竹でできた札で荷札などに広く使われた。凹凸が少ないことを表現している）のように正しく、人中《じんちゅう》（鼻の下から上唇にかけての縦のくぼみ）は深くて長く、息はかぐわしい。そして眉は八の字のような形で、顔は端正で左右の釣り合いがとれ、平らかでふっくらとしたよい形であること
・口の下にホクロがあり、肩の高さがひとしく胸が薄くないこと
・舌は広くて薄くないのがよく、色は真紅できめがあること
・体の皮膚は薄く滑らかでしっとりと潤い、肉づきが豊かであること
・体は常に温かく、骨格はかぼそくたおやかで、関節はごつごつせず、ゆるやかであること
・頭や手足は長くないのがよく、掌はふっくりと柔らかであること
・また、もつれた糸のように歩き、心が正直で、口は柔順で和やかであり、頭や足が素直に均衡がとれていること。これらの条件に当てはまるのは、みな、貴人の相である
・また、肩から肘にかけてほっそりし、陰部が杯を伏せたようにこんもりと高くて、陰毛は長くて細くて滑らかに素直に生えている者、陰部にホクロがある者は、二千石の妻である

・乳房が大きくて口が小さく、正しい形をしており、その４本の指を乳房の上下左右に当てて見たとき、その中にホクロがあれば富に恵まれる相である
・手の中にホクロがある者や歯が32本以上あるのは、最も貴い相である
・ここに挙げたような者は大吉祥であり、福徳の持ち主であるから、必ず娶るべきである。ゆめゆめこの女性を放棄してはならない

また、この第24巻には、子どもの運勢、未来を予測するような記述も多く見られます。目次をざっと挙げてみましょう。

第１章　不妊の治療法
第２章　子どもができたことを知る方法
第３章　胎児の性別を知る方法
第４章　女の胎児を男に変える方法
第５章　生まれた子の寿命の占い方
第６章　子の生まれ月による占い方

第７章　生まれた子を六甲の日で占う方法
第８章　生まれた日による男の子の占い方

このほかにも子どもの運命を予測するような項目がいくつかあり、当時の人たちにとって子孫繁栄はとても大切なことだったことがわかります。

この第24巻の存在は、平安時代に全身にわたる観相が一般的に行われていた可能性を示唆しています。少なくとも、皇族や貴族といった上流階級には広まっていたはずだと私は考えます。

約１０００年前に書かれた本ですから、迷信的な記述も多く見られ、その内容を現代社会に生きる私たちがそのまま鵜呑《うの》みにすることはできませんが、『医心方』が日本の医学に、また観相学の発展に大きく寄与したことは疑う余地のないところです。

日本観相の祖・水野南北

日本の観相を語る上で、私がもっとも重要だと考える人物は、江戸時代後期に活躍した観相家・水野南北（1760〜1834）です。

水野南北は当時、日本で一番よく当たる観相家といわれ、その後の観相学にも多大な影響を及ぼしました。

平安時代のころに日本に上陸した観相ですが、水野南北は国内における観相学の中興の祖ともいえる大変重要な人物なのです。


南北は現代に語り継がれる偉大な観相家ですが、その生い立ちは波瀾万丈で、彼が観相に興味を持ったのも、特殊な状況下に置かれたことがきっかけでした。

彼は幼少期に両親と死別し、その後は大坂の叔父夫婦に引き取られます。彼の少年時代は実に荒んだもので、10歳のときには酒を覚え、その後何年も酒と博打とケンカに明け暮れる毎日を過ごします。

18歳頃、彼は酒代欲しさに叔父の金を盗むなどして天満《てんま》の牢屋に投獄されるのですが、その牢内には彼と同様に罪を犯した人間が多数投獄されていました。

そこで彼はこんなことに気づくのです。

「罪人はみんな顔つき（人相）が似ている」

彼は自身の人相も含め、罪を犯す人間とそうでない人間の人相が異なっていることに気づき、観相に興味を持つようになります。

その後出牢した南北はある易者の元を訪れ、人相を見てもらうと「死相が出ている。それを避けるには出家するしかない」と告げられるのです。思わぬ余命宣告を受けてしまい、慌ててとある寺に出家を願い出るのですが、あまりの悪相面に恐れをなした住職から一旦は断られてしまいます。それでも引き下がらない南北に「1年間、麦と大豆だけの生活を続けられたら入門を許してもいい」と住職が言ったそうです。仕方なく南北は住職の言う通り、1年間人夫の仕事をしながら、麦と大豆だけの生活を続けます。そして1年が経ち、いざ出家しようと住職のところへ向かう途中で、再びあの易者に人相を見てもらうと「死相が消えている。いや、それだけでなく大層立派な人相になった」と大変驚かれてしまいました。その理由を聞かれた彼がこの1年間の生活ぶりを話すと、質素な食事が悪相を変えたのだと言い、感心したそうです。

出家する必要のなくなった南北は、観相により強く興味を持つようになりました。まずは、当時の社交場でもあった髪結い屋で弟子となり人相を3年間研究し、次に湯屋で、三助として入浴者の背中を流すなどの仕事の中で、全身の相を観察します。さらには火葬場で隠坊《おんぼう》（死者を荼毘《だび》に付したり埋葬の作業を行う者）として働き、人間の骨格や歯型を詳しく調べて観相の研究を続け、『南北相法』という観相学の本を出すに至りました。

古代の観相に通じる血液型占い

ヨーロッパとアジア、それぞれで進化を遂げてきた観相ですが、とりわけアジアの観相は、前にも述べたように〝未来予測〟に重点が置かれてきました。観相の草創期、中国やインドの人々は現在の状態を判定するだけではなく、未来予測というものにとても執着したのでしょう。

今日でも観相以外にもさまざまな占いが世の中に存在しますが、これほどまでに占いが発展、分化してきたのは、人間の不安心理が大きく関与しているからです。

今の日本では観相のほかに、血液型による性格占いのようなものが流行《はや》っています。A型、B型、O型、AB型、それぞれの個性を分析し、そこから思考や行動を導き出す。このような血液型をもとにした占いを信奉しているのは、世界広しといえども日本くらいのものです。

書店に行けばさまざまな血液型占いの本を見かけます。巷《ちまた》でも「あの人って性格がきっちりしているからA型じゃない？」とか「あの人は典型的なB型だね」などという会話を頻繁に耳にします。

これほどまでに多くの日本人に支持されている血液型占いですが、実は現在まで医学的根拠は証明されていません。

血液型占いは未来予測というより、現状の判定を統計的にまとめたものが主となります。未知なるものを予測するのではなく、統計をもとに分類しただけなのに、なぜ血液型占いがここまで人気になったのでしょうか。

人間を血液型で分類して思考や行動をパターン化すると、異種なものとの差異を認識し、区別しやすくなります。このわかりやすいパターン認識こそが、日本の血液型占いと古代の観相に通じるものではないかと私は考えています。昔の日本人にとっての観相は、現代の血液型占いのように異質か同質かを見分け区別し、適切な対応をとるためのものだったのではないでしょうか。

これほど日本ではメジャーな血液型占いですが、日本以外の国ではポピュラーなものではありません。欧米人からすると、日本人が血液型占いにはまっている様子は、とても不思議な社会現象に見えるようです。海外に行って「あなたは何型？　じゃあ、性格は○○ですね」などと言おうものなら「この人は何を言っているんだろう」と不審感を抱かせることにもなりかねません。

血液型占いは、占いというよりは日本固有の文化といえるのかもしれません。

美人の尺度は時代とともに変わる

観相を語る上で、美人観に触れないわけにはいかないでしょう。

地域や国によって美人の基準が変わるように、時代によっても〝美人観〟は大きく変わってきました。

日本でいえば、平安時代にはやや下膨れな顔が美人とされていました。それは残された絵巻などを見ても明らかです。今でいうところのおたふく顔が美人とされていたわけです。

さらに平安時代には、女性の健康の尺度は髪の毛の量で測られていた部分もあるので、黒髪は長く、多いほうが美人とされました。

しかし、江戸時代の美人画に描かれた女性の顔は総じて細面です。当時の女性は髪の毛を結い上げていましたから、髪の毛の多い、少ないもあまり問題にはされていなかったのでしょう。

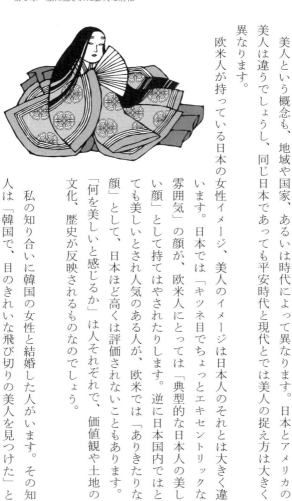

美人という概念も、地域や国家、あるいは時代によって異なります。日本とアメリカの美人は違うでしょうし、同じ日本であっても平安時代と現代とでは美人の捉え方は大きく異なります。

欧米人が持っている日本の女性イメージ、美人のイメージは日本人のそれとは大きく違います。日本では「キツネ目でちょっとエキセントリックな雰囲気」の顔が、欧米人にとっては「典型的な日本人の美しい顔」として持てはやされたりします。逆に日本国内ではとても美しいとされ人気のある人が、欧米では「ありきたりな顔」として、日本ほど高くは評価されないこともあります。「何を美しいと感じるか」は人それぞれで、価値観や土地の文化、歴史が反映されるものなのでしょう。

私の知り合いに韓国の女性と結婚した人がいます。その知人は「韓国で、目のきれいな飛び切りの美人を見つけた」と私に興奮気味に報告してくれました。

しかしあとになって、知人は奥さんの顔が韓国ではあまり美人の部類でないことを知りました。

日本の感覚では「なんて美しい人なんだ」と思ったのに、海をひとつ隔てた隣国ではその美しさがまったく評価されない現実を目の当たりにして、知人は少なからずショックを受けたそうです。

また、先進国では細身の女性が「スタイルがいい」とされますが、ポリネシアのように太めの女性が美しいとされる地域もあります。

太めの体型はポリネシアの人々にとっては豊かさの象徴であり、痩せている人よりも太っている人のほうがバイタリティにあふれ、子孫を残しやすいと考えられています。そんないろいろな要素が組み合わさり、太めの女性が支持されるようになったのでしょう。

それぞれの地域によって違いはあるものの、人が自分の顔や体を美容整形するのは、「今の自分よりも美しくなりたい」という気持ちがあるからでしょう。

自分の理想、あるいはまわりの環境で理想とされる容姿に少しでも近づきたい。そのために美容整形手術までも受ける。しかし何をもって「美しい」と判断するのか。その基準は実に千差万別で捉えどころがなく、唯一答えがあるとすれば「人それぞれ」ということになるのかもしれません。

「美しさの基準は人それぞれ」ということは、心理学の〝刷り込み〟でも説明がつきます。人は幼少期に見慣れた顔、親しみを感じた顔を美しい、あるいは自分の好みだと感じることがあり、これを心理学では〝刷り込み〟といいます。

ですから、大人になってから、幼いころに好きだった異性に似た人と出会うと、何となく惹かれてしまうということが起こるわけです。

私もこの刷り込みを実際に経験しています。それは妻と結婚する前のことです。実家に初めて妻を連れていくと、母が彼女の顔を見て「お前が小さかったころよく一緒に遊んでいた女の子と似た顔をしているよ」と言うのです。

その女の子の顔は、私の記憶にはありません。刷り込みとはこういうものなのか、とそのときに実感したのです。

もともとの美人観は〝本能〟に根ざしていた

前の項で述べたポリネシアの美人観ですが、もともと美人観は、その風土と密接な関係を持っていました。

ポリネシアでふくよかな女性が持てはやされるのは、太めの女性が生存競争を生き抜いてきたからです。

かつてのポリネシアンは、島から島への移動を繰り返していました。船が潮に流されて島にたどり着けず、食料が底をつくようなこともあったでしょう。

そんなとき、細身の女性よりも、脂肪を蓄えた太めの女性のほうが生き抜く上で有利だったのはいうまでもありません。

子孫を残すためには、細身の女性よりも太めの女性のほうがいい。男性たちの人間としての本能が太めの女性を選び、その結果としてふくよかな女性が美しいとされるようになった。これは海洋民族としての本能から来る、ポリネシアンたちの〝生きる知恵〟だったのです。

今では日本人も「目は二重でパッチリ」が美人とされるようなところがありますが、かつては必ずしも二重の女性が美人だとは見なされていませんでした。

アジア人の先祖はゴビ砂漠を通過し、アジアに分布していきました。砂漠の砂嵐を避けるためには、目は一重で睫毛《まつげ》が下に向いていたほうが理に適っています。そうやって砂漠の中でも暮らしていける人が生存競争を勝ち抜いてきたわけです。

そんな歴史があるため、東アジアには目が細めで一重の人が多く、長い間、美人の基準は一重の目とされてきたのです。

日本人に二重の人もいるのは、南方から来た民族の血が入っているからです。

二重の人が増えた今の日本は、その美人観も非常に欧米と近くなっているように感じます。

しかしもともとの美人観は、本能に根ざしたものであったはずです。

日本人の顔は1万5千年前と比べて変わったのか

近代に入ってから急速に西欧の基準に寄っていった日本人の美人観ですが、日本人の顔そのものは古く縄文の時代からどのように変遷してきたのでしょうか。美意識のみならず、日本人の顔相自体、西欧化してきている傾向はあるのでしょうか。

海外に行って日本人を見かけたりすると、「この人は日本人だな」と大体わかるものです。日本人は同じ東アジア圏の中国人や韓国人とも非常に似ていますが、服装や振る舞いには関係なく、顔や表情だけを見て「日本人」だと何となくわかったりします。

日本人の顔は本来、どのような特徴があるのでしょう。また、今と昔とでは大きく違うのでしょうか。

最近日本人は、小顔の人が増えたといわれています。これは食生活の習慣が変わって柔らかいものを食べる機会が増えたため、歯が大きく育たず、それによって顎が縮小したことが強く影響しています。

かつては何度も咀嚼《そしゃく》して嚙みつぶさなければならない穀物が日本人の主な食事でしたが、玄米が白米になり、肉は挽《ひ》き肉となり、さらにはパンなどの普及もあって、我々のまわりは柔らかい食事ばかりになってしまいました。その結果、顎の使われる頻度が減り、エラの張った人が少なくなっただけでなく、顎全体が縮小する傾向にあるようです。

顎が小さくなることにより、歯の本数も少なくなっていくと考えられており、これからも顎の細い、あるいは顎のとんがった人は増えていくことでしょう。

　このような現象を見ると、江戸、鎌倉、平安、大和王朝期などそれぞれの時代においても日本人の顔はそれなりに変化をしてきたのでは？　とつい想像したくなります。しかし、縄文人や弥生人の人骨、幾多の絵画に描かれた人物像、江戸末期に撮影された人物写真などを見ると、日本人の顔の骨格は基本的に昔も今もさほど変わっていないようです。

　江戸の美人画を見れば鼻筋が通って瓜実《うりざね》顔の人が多かったのだろうとか、平安時代の大和絵を見ると、目が細くて下膨れの顔をした人がたくさんいたんだろうなと思われるかもしれません。

　しかし、これはその時代における人々の美意識がそういう顔形を好んだということです。現代とはかなり違う美意識ですが、時代によっては瓜実顔のおちょぼ口が好まれたり、目が細い下膨れの顔立ちが人気を博したりしたわけです。今の時代に人気のある西欧的な彫りの深い顔立ちの人は昔もたくさんいたはずですが、そのような絵が描かれた時代にはあまり人気がなかったのでしょう。

　人間の身体は、栄養の摂り方や労働の仕方によって変わります。今は飽食の時代といわれるほど栄養が存分に摂れる環境にありますが、そうでなかった時代に生きていた人たちは今の日本人と比べてかなり体格も小さかったわけです。

たとえば男性の場合、弥生時代は平均身長は160センチ台前半であったものの、その後徐々に低くなる傾向が続いて、江戸末期では約155センチだったと推定されています。現代は平均身長が170センチを超していますから、体格的には大きな変化です。しかし、身体のサイズに変動があっても、顔の骨格そのものはほとんど変わることはありませんでした。顔にまつわる変化は、あくまでそれに対する美意識だけだったのです。

縄文系と弥生系に分かれる日本人の顔

日本人といっても、日本という国があってそこに日本人と呼ばれる人が最初から住んでいたわけではもちろんありません。日本人という概念が成立していった過程については、大和王朝が国家祭祀体制を確立した7世紀後期あたりから「日本人」という認識が浸透していったという説や、13世紀の元寇が契機となって「日本」や「日本人」の意識が強まったという説など、さまざまな見方があります。民族学的にも大陸から渡来した人たちやもとから住んでいた人たちが混成しているのが日本人であって、純粋な日本民族といった人たちがいるわけではありません。

ですから、ここでは大まかなくくりですが、日本列島に昔から居住してきた人たちのことをとりあえず日本人とします。

現代の日本人の大本を人類学的にたどっていくと、約１万５０００年前〜３０００年前に生きていた旧石器時代の縄文人の系統と、紀元前１０００年頃以降に大陸や朝鮮半島からやってきた新石器時代の弥生人の系統の二つに分かれます。縄文時代の後期以降は、縄文人系と弥生人系が交わりだし、時を経るにつれて混血の割合も徐々に増えていきます。

つまり、現代の日本人は、縄文人系、弥生人系、縄文人系と弥生人系の混血の３種類の人間からなっています。その割合は、純粋に近い弥生人系が20％、同じく縄文人系が５％、混血系が75％と見られています。

縄文人は南西諸島や、サハリンなどの北方からやってきた人も混じって日本列島に長く定住をしてきた人たちです。彼らは狩猟採集型の生活形態を営み、おそらく世界で一番古い土器を作るほど高度な文化を築きました。残された土器などから推測すると、性格的には温厚でひとつの物事に集中して技術を磨いたりすることが得意な人間像が浮かび上がります。実際に縄文系の人は、芸術の分野や職人的な仕事で才能を発揮するケースが多いのです。

一方、日本に稲作文化を伝えたといわれる弥生人は、厳しい風土の中で狩猟を盛んにやっていた蒙古《もうこ》など北方系の出身です。稲作の技術は彼らが大陸を南下して行きついた中国南方や朝鮮半島の南部で身につけたものと思われます。

荒々しい大陸の風土の中で狩猟をしていた祖先を持つ弥生人は、コツコツおとなしく働くことよりも、攻撃性が目立ち戦いを好む傾向が強かったのでしょう。そのため武士は弥生系の人間が多く、たとえば源頼朝や織田信長などはまさに典型的な弥生系の顔立ちをしています。

渡来系の弥生人が大量に日本に渡ってくるようになると、縄文人は列島の南と北に追いやられます。南は熊襲《くまそ》（九州南部、今の熊本、鹿児島を本拠地として大和王朝に抵抗した種族）がいた地域、北は蝦夷《えみし》（大和王朝の支配地域への帰属と同化を拒否していた種族）が居住していた福島の「白河の関」から北（東北と北海道）の地域ではないかといわれています。

この分布は医学的にも二つのウイルスの分布から裏づけられています。

ひとつはB型肝炎のウイルスです。B型肝炎のウイルスは種類がいくつもありますが、B型肝炎を発症している人を調べると、南方系のゲノタイプBのウイルスを持つ人が沖縄と東北に多く見られ、北海道のアイヌもこのタイプでした。さらに興味深いのは、飛騨高山とか徳島の祖谷《いや》地区など、平家の落人伝説のあるような地域の人たちもみな南方系のウイルスだったのです。そうした地域は弥生人が渡来したときに追いやられた縄文人が逃げ込んだ山間僻地《へきち》です。一方、北方系のゲノタイプCを保有する人が多かったのは本州です。

そして、B型肝炎のウイルスの分布とぴったり重なり合うのが、成人T細胞白血病のウイルスの分布です。このウイルスは東北や北海道、九州では熊本、宮崎から見つかり、福岡からはまったく見つかりません。

縄文系の顔立ちは、顎が発達して顔全体が四角く彫りが深い、眉間が突き出ている、鼻のつけ根が引き締まっている、眉毛が濃い、目が大きめ、まぶたが二重、唇が厚め、頬骨が小さいといった特徴があり、情に篤くて柔らかい雰囲気を持っています。

一方、弥生系の顔立ちは、形が丸か楕円形、彫りは浅く平板で、鼻のつけ根が扁平《へんぺい》、目が細く小さい、まぶたは一重、鼻骨が狭く低い、唇が薄いといった特徴を持ち、冷徹な雰囲気があります。

著名人でいうと、プロ野球の長嶋茂雄や画家の横尾忠則、俳優の三船敏郎や歌手の安室奈美恵は縄文系、政治家の小沢一郎、ソフトバンク社長の孫正義は弥生系、タレントの木村拓哉、プロボクサーの村田諒太は混血系の顔立ちです。

仏像の顔は、目こそ一重で北方系の渡来人の要素がありますが、顔つきがふっくらとし髪の毛も縮れていて、全体としては縄文期日本の原住民であった南方系の人間の顔立ちです。仏像の顔を見ていると心が癒されますが、仏像が持つ雰囲気は南方系の人に通じるものがあります。

南方系の人は情が濃いといわれています。江戸の後期から明治にかけて東北地方の人たちはみんなニシンを獲るために夏の間だけ北海道に移住していました。ところが北海道へ行ってアイヌの女性と知り合った漁師の中には、情にほだされて本土に戻ってこない人がたくさんいたそうです。それだけ南方系の女性は、男性を強く惹きつける癒しの雰囲気を持っているのかもしれません。

日本人の顔は急速に画一化している

日本では戦後の高度経済成長によって、人の移住や移動はかつてないほど激しく行われました。その結果、縄文系、弥生系、縄文系と弥生系の混血系、それぞれの混血に一層拍車がかかりました。ただ、縄文系の人たちは山間僻地に多く居住して都市部に移住することが少ないため、全体に占める縄文系の割合は弥生系に比べて、減り方が少ないと思われます。

しかし、こうした混血化が進んだことで日本人の顔は今急速に画一化しています。日本人の顔のデータをたくさん集めた中から平均値を割り出してつくった人工的な合成顔がありますが、ちょうど現代における日本人の顔はこの合成顔に限りなく近づいています。以前なら、初めて会う人の顔を見て、何となく「この人は九州出身だな」とか、「あの人は東北のほうから来たんだろうな」といったことがわかったものですが、最近は顔の均一化が全国で進みすぎて出身地域の見当がつかなくなってきています。

アメリカに行けばさまざまな人種がいるために、人の顔がみな違います。アフリカに行けば、肌の色が黒くて一見似たように感じますが、よく見るとみな顔が違って非常にばらつきがある。顔が人それぞれみな違うということは本来当たり前なのです。

中国は今こうした混血化が激しく進んでいます。60以上の少数民族を抱えている中国は多民族国家であり、経済の急速な発展に伴って国内の民族大移動が起こっているからです。

実はこうした多様化が、いま中国という国の活力が生まれる大本にもなっています。アメリカが長きにわたって世界に誇る強いポテンシャルを持ち続けているのも、やはり人種の多様性に富んでいるからにほかなりません。

多様化が増せば、経済を始めとする国のアクティビティは確実に上がります。日本の国としてのポテンシャルが明らかに低下傾向にあるのは、あまりにも人間の画一化、均一化が進みすぎたことが大きく影響しています。

少子高齢化に伴う労働力不足を補うために、移民の受け容れといったことも議論され始めていますが、人間の多様性を増すための戦略として、定住する外国人を日本に招き入れることをもっと真剣に考えるべきだと思います。

日本人の顔が急速に画一化してきているのは、日本という国の未来に危機的にかかわる大きな問題を示唆しているのです。

【コラム】江戸時代の人相見は今よりも楽だった

髪形で身分を区別する

今でこそ観相学は「顔だけでなく、全身を見て判断する」ものとされていますが、水野南北が活躍していた江戸時代は、その人が身につけている衣類や装飾物、あるいは持ち物といった判断材料が現代よりも限られていたため、今よりもわりと楽に観相ができたのではないかと思います。

今の社会では、人の身なりを見ただけでその人の職業を当てるのはなかなか困難です（作業着などを着ていれば別ですが）。

しかし、江戸時代には士農工商という身分制度があり、服装や持ち物でその人の身分、立場といった大体のことは判別できました。

とりわけ、身分の違いが表れたのは髪形です。武士なのか、浪人なのか、商人なのか、職人なのか、農民なのか、そういったことは髪形を見れば大方区別できました。

江戸時代の人々が見た目で身分をわかるようにしていたのには、わけがあります。その理由のひとつが「防犯」です。

江戸時代には、町ごとに、あるいは町内の一エリアごとに不審者や盗賊の通行を防ぐため木戸という門のようなものが設けられていました。

防犯のため、深夜23時から朝にかけてこの木戸は閉じられ、木戸番という見張り人が人の通行を厳しくチェックしていました。医師や産婆は無条件で通行できたようですが、それ以外の人々が夜間に木戸を通行しようとすればそこで木戸番のチェックを受けなくてはなりません。

現代社会であれば、警察官は不審者の身元を確かめるために身分証明書の提示を求めれば済む話でしょうが、当時は身分証明書などほとんどの人が持っていません。

そこで「自分がどんな身分のどんな人間か」がすぐにわかるように、当時の人々は髪の結い方や長さなどの髪形で身分の違いを表していたのです。

* * *

江戸時代の町風景を描写した屏風絵などには、必ず木戸が描かれています。封建社会ではこのような木戸で住民を管理しながら、人々の往来を制限し防犯に役立てていました。当時の一般の町民の多くは長屋に住んでいましたが、長屋の一番手前にはたいてい大家さんが住んでいました。この時代の大家とは、長屋のオーナーである地主から、建物とその周辺の維持・管理を任されている管理人を指しています。ですから、日中は長屋の大家さんが周辺に異常がないかどうかをチェックし、夜は木戸番が木戸を閉めて町の秩序と平穏を守り、管理していたわけです。

いずれにせよ、髪形や服装でその人の素性が大体わかってしまうのですから、当時の観相家は今よりも簡単に人相見ができたであろうと推察されるのです。

観相の流れを汲む「江戸の人相書き」

事件などの容疑者を探すため、警察が被害者や目撃者からの情報をもとに目、鼻、口などの分割した写真を組み合わせ合成写真を作る「モンタージュ写真」という捜査方法があります。かつては多くの指名手配犯の顔写真がこのモンタージュ写真によってつくられていましたが、どうしても機械的な表情となってしまうため、検挙に結びつく確率が低いことが欠点でした。

この「モンタージュ写真」の代わりに現在活用されているのが、よりアナログな「似顔絵」という捜査方法です。似顔絵だと特徴なども反映しやすく、似顔絵を見せられたほうもモンタージュ写真より理解しやすいとあって、現在の犯罪捜査では似顔絵が主流となっているようです。

江戸時代の似顔絵といえば役者の顔の浮世絵が有名ですが、犯罪捜査に一役買っていたのが時代劇などにもよく登場する〝人相書き〟です。

実は江戸時代末期から明治初期にかけて、人相書きは犯罪捜査のために活用されていました。

人相書きは顔つきの特徴はもちろんですが、逃亡時の衣服や身体的特徴なども記述されていたそうですから、まさに観相の極意が詰まっていると考えられます。ちなみに当時の人相書きは、その特徴を文字で記述したものが主流で、似顔絵つきのものはまれでした。しかし、それでも犯人検挙に一定の貢献をしていたのは、顔や身体の特徴がいかにその人らしさを表しているかを如実に物語っています。

現代でも、目、鼻、口、輪郭などの特徴をうまく捉え、デフォルメして再現する「人相書き」がありますが、これも広い意味で観相の流れを汲《く》むものだと私は考えています。

第2章

美容整形で運勢は変わるか

――韓国人が美容整形を好む理由

外見をよく見せたい韓国人

日本でも、かつては人の運命は生まれつき決まっていると考えられていました。しかし、江戸時代の観相家・水野南北は「人の運は食にあり」と述べ、食事によって人相が変わり、ひいては運勢もいい方向に変化していくと説きました。

人間は内側から健康になり、そして人相もよくなっていく。この考え方は漢方にも通じるところが多分にあります。

日本では、「外見をよくしたいなら、内面を磨け」とよくいわれます。外見だけ飾りたてても、内面が伴っていなければ意味がありません。これは多くの日本人が持っている価値観だと思います。

だから「顔にその人の生き様が表れる」などともいいますし、「顔に責任を持て」といったりもします。

こういった自己の内面に意識を置く考え方は、日本人が古くから育ててきた価値観だといっていいでしょう。

一方、観相の発祥の地である中国や韓国では、いまだに「顔つきそのもので運命が決まる」と考えています。韓国や中国の観相の考え方は、基本的に発祥期から大きくは変わっていないのです。

本来の観相では「顔は生まれ持ってのものだから運命は変えようがない」と考えられたため、不幸な顔つきで生まれた人は一生不幸だというわけです。

日本のように「内面から変えることができる」と考えられればまだ救いがありますが、「変わりようがない」と決めつけられたら救いはどこにもありません。

さらに子が不幸な顔立ちをしていたら、親は当然「この子が不幸なのは親の責任だ」と考えます。

では、どうしたら子が幸せになれるのか？

不幸から抜け出すにはどうしたらいいのか？

その救いを求める人たちに支持されて、韓国に広まっていったのが、〝美容整形〟でした。韓国人が美容整形に躊躇《ちゅうちょ》しないのは、「変えられないはずの人生を自分でよりよく変える」ためのひとつの方法であり、彼らにとっては実に〝未来志向の前向きさ〟なのです。

それまで「変わらない」と思っていた顔と運勢が、美容整形によって「変えられる」と知った韓国人たちは、美容整形に飛びつきました。

今ではみなさんご存じのように、韓国では美容整形が大ブームとなり、街中には「美容整形手術をしてないのはあなただけですよ」というようなキャッチフレーズの広告があふれています。

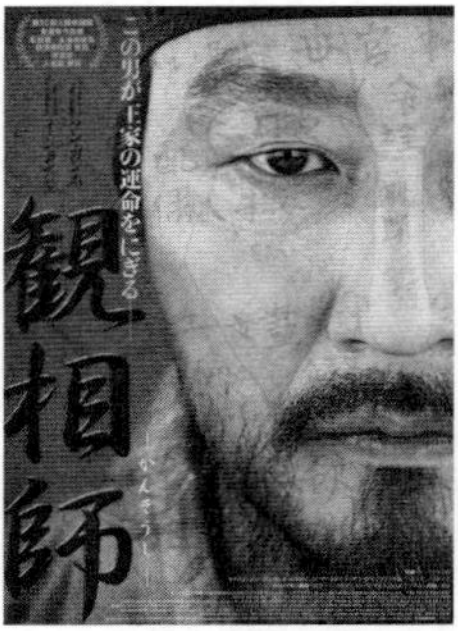

©2013 SHOWBOX/MEDIA PLEX & JUPITER FILM

2013年秋には韓国で観相をテーマにした映画『観相師』が公開され、韓国週末興行成績3週連続ナンバー1を記録。累計観客動員数は913万人を突破し、韓国のアカデミー賞といわれる大鐘賞で監督賞や最優秀作品賞、主演男優賞（ソン・ガンホ）など最多6部門を受賞しました。韓国ではそれほどまでに観相が一般庶民の間に浸透しているのです。

ちなみに、この映画は2014年に日本でも公開されています。

韓国人にとって美容整形はお化粧感覚

韓国で美容整形がここまで受け入れられた理由とは何か。それを考えるとき、私たち日本人は、韓国の歴史や社会の成り立ちを理解する必要があります。

韓国は、近世になって非常に変化の激しい時代を過ごしてきました。社会情勢が短期間のうちに目まぐるしく変化してきた韓国では、長期的な視野に立って物事を考える性質、習慣があまりありません。そんな歴史があるために、人々の考え方や物事の捉え方が、日本人に比べ短絡的な傾向があります。

ですから、韓国人はすぐに結果の出ないやり方をあまり好まないのです。

日本もいくつかの世界的な戦争を経験していますが、韓国や中国に比べ、島国という地理的条件もあって、基本的には安定した時代が長く続いてきました。

日本のそんな安定した歴史を表しているのが、日本経済を支える企業です。日本の企業の中には、２００年、３００年の歴史を持つ会社がたくさんあり、１０００年の歴史を持つ宮大工の会社まで存在します。長い歴史を持つ会社がここまで多く存在する国は、世界でも日本くらいのものといっていいでしょう。

一方、激動の時代を多く経験してきた韓国では、企業の歴史も長くてせいぜい50～60年がいいところ。韓国の社会はすべてのスパンが短く、すぐに結果を出さなければ社会の中で生きていけません。そんな社会事情もあり、韓国では長期的に物事を考える習慣があまりないのです。

自分の運命に関しても、日本人は食事に気をつけたり、生活習慣に気を配ったりしながら徳を積んで生きていけば、40歳を過ぎるころには〝いい顔〟になると考えます。

ところが、すぐに結果を求める韓国人は、いい顔を手にするために「40歳になるまで待つ」ということがまず理解できません。美容整形というものがあるのに、何でわざわざ40歳まで待たなければならないのだ、というわけです。

美容整形によっていい顔を手に入れれば、変わらないはずの運命が変えられます。運命が自分の意思で思う通りに変えられ、結果がすぐに出る。そんな考え方があるので、韓国人はためらうことなく美容整形に飛びつくのでしょう。

整形しない人を見れば「あなたはその鼻さえ変えれば人生がバラ色になるのに、何で整形をしないのか」と思う。整形している人から見れば、整形していない人は自分の人生に無頓着な人か、あるいは手術を受けられない貧乏人という認識なのです。


物事には需要と供給の関係があります。かつての韓国は「自分の運命を変えたい」という需要はあっても、供給することができませんでした。

しかし、美容整形の登場によって、需要と供給が結びつきました。すぐに結果を出したい、運命をよくしたいという韓国人の願望にピタリと合致したからこそ、ここまで美容整形が社会に広まったと考えられます。

需要と供給の観点から見た場合、要求に応じる側である〝医師〟の問題も忘れてはなりません。

日本は、信用やメンツというものを重んじる社会です。金儲けのために医師になった人もいるかもしれませんが、日本の社会でそれは美徳にならず、何よりもまず信用を大切にします。大多数の日本人にとっての医療は、いまだ仁術として考えられているのです。日本では「金儲けのために医師になった」などと声高に言えば、後ろ指を差されてしまいます。それでは日本の社会では生きていけません。仁術としての医療に重きを置く日本の社会では、医師であっても信用が基盤になっているのです。そのため、美容整形に大々的に乗り出す医師は、医療界ではあまり尊敬されない風潮があります。ただ、そういった風潮をはねのけてやっていける人は、その上で得られるものを人生の目標にしているわけですから、それはそれで結構なことだと思います。

対する韓国では、美容整形医は尊敬されていますし、「美容整形医になる」といっても家族で止める人はいません。韓国での医療は生活の糧であったり、もっといえば、それが金儲けの手段であってもまったく構わないわけです。

銀行も「信用」より、「儲けているか、いないか」で融資の判断をしますから、信用を二の次だとしても社会的なデメリットはあまりありません。韓国では信用があっても、儲けていない医師に銀行がお金を貸してくれることはないのです。

韓国や中国には、国の伝統医療だけを扱う医療制度があります。韓国には韓医制度、中国には中医制度というものがあり、専門医を養成する大学もあります。もともとは韓医専門大学の偏差値はそんなに高くありませんでしたが、今では韓医を目指す人が増え、難易度がきわめて高くなりました。では、なぜ韓医を目指す人が増えたのでしょう？　実はそこにも、韓国の人々の考え方が反映されているのです。

韓医制度は1950年代の朝鮮戦争が終わるころにできたのですが、もともとは西洋医学の学校に落ちた生徒を受け入れていたのが韓医の専門学校でした。

ところが今から30年ほど前、韓国である統計が発表されます。それは医師の中でどの分野の医師が高収入を得ているかを調べた統計だったのですが、外科医などに並び、上位に入っていたのが韓医でした。この統計発表はある意味、韓国の医療界にとって衝撃的なものでした。それまで、西洋医学よりも下だと見なされていた韓医の収入が、実は高いことがわかったのです。

以来、「韓医になると収入が上がる」「韓医は儲かる」となり、韓医学校が有名国立大学と同レベルの難易度にまで上がっていきました。「医は仁術」と刷り込まれた日本の医師と、「稼げる医師になろう」と考える韓医では、スタンスそのものが違うのです。

近年は医師の中でも美容整形医が収入ランクで上位に位置していますから、美容整形医になろうと思う人が増えて当然でしょう。

今、中国には韓国ほどは優秀な美容整形医が存在しません。そんな理由から、整形手術を受けたい中国人はこぞって韓国を訪れ、手術を受けています。中国と韓国の物事の捉え方や考え方はとても似ているので、そのうち、中国にも美容整形医は増えていくことでしょう。

ここまでご説明してきたように、韓国人と日本人とでは根本的な考え方がまったく異なっています。

ですから、美容整形をしたことで30年後に自身の体に不具合が起きる可能性があったとしても、韓国人は美容整形をためらいません。

「30年後など考えられない。国がなくなっているかもわからない。そんなことを考えるより、今が大切。すぐに結果が欲しい」

韓国の人々のそういった考え方が、美容整形という分野に端的に表れていると私は思うのです。

親子で似た顔に整形

韓国では成人になる前に、親がお金を出して子どもに美容整形を受けさせるケースが多いと聞きます。日本人からしてみれば「親が子どもに整形をさせるなんて」と、韓国人のやり方をなかなか理解できないかもしれません。

しかし、韓国には古くから「子の運命には親が責任を持たなければならない」という考え方が存在します。そういった韓国の時代背景を理解しなければ、現在の韓国の美容整形ブームも理解できませんので、ここでちょっと韓国の歴史に触れておきましょう。

1600年代初頭、李朝時代の朝鮮で編纂された『東医宝鑑《とういほうかん》』という医書があります。

これは韓医学の百科事典ともいえるもので、後の東アジアの医療にも大きな影響を与えました。

実はこの『東医宝鑑』の中に、観相や占いに通じるような運命に関する記述があります。その中でももっとも興味深いのは、「子の健康や病気といったものは父母の責任である」という部分です。

父親の精子と母親の卵子が交わらなければ、妊娠も出産も成立しない。だから子の健康も病気も、寿命も、すべて父母に責任があるのだと言っているのですが、遺伝学が未熟だった17世紀に、親子の遺伝の問題にここまで切り込んでいるのは、ある意味画期的なことです。

韓国ではこのような歴史、文化があることから、「子の運命は親によってすでに決まっている」と考えられ、「子の顔は親が責任を持たなければならない」と多くの人が思っています。そのため、子どもの美容整形にかかる費用は親が負担することが当然と考え、それが常態化しているのです。

子どもが大学受験に成功したら、そのご褒美として美容整形を受けさせる。それは、韓国ではもはや当たり前のことなのです。

大学に合格したらすぐに美容整形を受けるので、高校の卒業式で友人に話しかけても、整形前の顔しか知らない友人に「あなた誰?」と言われてしまうという笑い話もあるほどです。

さらに最近では、子どもと母親がセットで美容整形するケースも多いと聞きます。子どもだけが美容整形手術を受けると、当然両親とは似ていない顔となるため、家族の間で浮いた存在になってしまいます。そこで母親も一緒に美容整形を受けることで、親子で似たような顔にしようというわけです。そんなことはいくらでもできますから、母と娘、父と息子など、家族で一緒に受けるケースが増加しているのです。

ここまでいくと、日本人からすると受け入れられない面も多分にありますが、韓国では先述したような歴史があるため、美容整形に対するためらいはまったくないのです。

韓国ではもはや一般化している美容整形ですが、世界の他の国々ではどうなのでしょう。美容整形の手術件数を比較してみると、トップはアメリカで、韓国は7位となっています。しかし、人口1000人あたりの件数で比較すると韓国が堂々の1位（アメリカは4位）となり、整形手術を受けた人の割合は韓国が世界で一番高いことがわかりました。

一説では韓国の美容整形手術件数は1年で65万件になるともいわれており、その中でも大手術に分類される、顎を削って輪郭を変える両顎の手術は、年間５０００件を超えると推定されます。

美容整形が流行りだした当初は、目を二重にしたり、鼻をちょっと高くしたりと、日本でいうところの〝プチ整形〟が主流でしたが、最近では両顎手術のような大手術によって、輪郭すらも変えてしまうような美容整形が頻繁に行われています。

韓国では美容整形手術の失敗、とくに両顎手術のような大手術の失敗による後遺症の発生といったトラブルが多発しています。

２００８年から２０１２年にかけての5年間で届け出があった美容整形手術の事故件数は１３０件でしたが、２０１２年4月から同年12月までの9ヵ月間に発生した事故は４４０件にのぼり、近年その数は増え続けています。増加の理由は、安易な手術と医師の認識・技術不足にあると私は見ています。

両顎手術のような難しい手術は本来、麻酔科医と歯科医と外科医がチームとなって取りかかるべき大手術です。

しかし、韓国ではそんな大手術を、たったひとりの美容整形外科医だけでこなそうとするため、いろいろな問題が起こってしまうのも当然なのです。

美容整形の低年齢化も進んでおり、韓国では「行きすぎた美容整形問題」が徐々に表面化してきています。美容整形の年齢制限を法律によって規定しようとする動きもあるようですが、それでは問題の根本的な解決にはならないような気がします。

「外見にこだわる文化」が美容整形大国を生んだ

「顔を整形しなければ運命は変わらない」と考える韓国は、いってみれば「外見にこだわる」文化です。

その証拠に、韓国では教会やお寺にお参りに行く際、日本では考えられないようなきらびやかな格好をします。日本では、教会やお寺に行くときには、なるべく地味な格好、目立たない格好をするものです。

しかし韓国では、ブランドものの服を着て、バッグを持って、装飾品で身を飾りたてて教会や寺院へ向かうのです。ここに「自分の最高の姿を神様に見てもらいたい」という韓国人の考え方が表れているように感じるのです。

このような、外見だけを美しく飾ろうとする韓国人の姿勢に、多くの日本人が違和感を覚えることも当然かもしれません。それは、「顔を変えて、人生をよりよいものにしよう」という考え方には〝内面〟がまったく関与していないからです。

「顔を変えて、人生をよりよいものにしよう」と考えるのは、一見ポジティブな感じを受けますが、日本では「顔（外見）も大切だけど、内面（心、精神）も大切だ」というバランスを貴ぶ考え方が主流のため、どうしても受け入れがたい部分があるのです。

日本と韓国ではそのような文化の違いがありますから、日本人なら美容整形するにしてもせいぜい一重のまぶたを二重にするとか、鼻筋を通してちょっとだけ鼻を高くする程度ですが、韓国人は輪郭を変えてしまうような大手術をも厭《いと》わないのです。

また、韓国は「外見にこだわる」文化のため、服や身につけているもので相手がどんな人なのかを判断します。

日本以上に熾烈《しれつ》な競争社会である韓国は、人々の心の中に潜むライバル意識が見た目や持ち物といった外見へのこだわりに拍車をかけているのかもしれません。韓国人が美容整形手術に駆り立てられる心理の背景には、〝競争社会を勝ち残る術としての美への執着〟があるといえるのではないでしょうか。

日本と韓国は同じ極東に位置する国ですが、韓国は、日本の約4分の1の面積の国土に日本の人口の約半分、5000万人の人々が暮らしています。小さな国の中のあらゆる分野で、大勢の人々が限られたポストや地位を求めて生存競争を繰り広げているわけですから、競争は熾烈にならざるを得ません。

先述した「格好が派手」なことに関しても、中には嗜好として「派手好き」な人もいるのでしょうが、その根本には「見栄っ張りでないと生きていけない、生き残れない」という韓国の社会事情があるのです。

輪郭を変える大手術は顔面骨折と同じ

顔の輪郭を変える両顎手術は、美容整形の中でももっとも危険な手術といえます。

もともと、両顎手術は受け口などで噛み合わせが困難な人や、先天性の奇形がある場合に施されるもので、上顎や下顎の一部を削ったり、引き上げたりして、噛み合わせを整えたのです。

しかし、最近ではエラの張っている人が下顎を削り、顎のラインをきれいに見せる、あるいは小顔に見せるための美容整形法として両顎手術が行われています。

両顎手術では顎周辺の筋肉や神経を避けつつ、ドリルなどの器具を使って顎の骨を削っていきます。筋肉や神経を傷つけてしまうと後遺症となりますし、そもそも骨を削るということは、人工的に骨折を起こしているのと同じです。つまり、両顎手術は人工的に顔面骨折を引き起こす手術ともいえ、非常に困難であると同時に、完治までに2～3ヵ月を要する大手術なのです。

一重を二重にするようなプチ整形とは違い、両顎手術のような非常に難度の高い美容整形は「命懸けの手術」であると認識したほうがいいでしょう。

「小顔にしたいから」

「顎のラインをきれいに見せたいから」

そんな軽い気持ちで受けるようなものではありません。

体力のある人ならばまだ大事に至る恐れも小さいでしょうが、体力のない人にとっては両顎手術を受けるだけでも命に関わる危険なものです。

両顎手術では深く骨を削るので、骨髄も多少いじることになります。骨髄の中には脂肪細胞があり、これが血中に流れ込むと脳梗塞《こうそく》や心筋梗塞、肺梗塞などの塞栓《そくせん》の原因にもなりかねません。大手術ゆえに、予後の治療、体調管理を万全にしなければ感染症を引き起こす可能性もあるのです。

豊胸手術も以前は危険なものでした。

現在は医療技術も進歩し、命に関わるようなことはなくなりましたが、かつてはシリコンを注射でそのまま胸に注入していた時代があり、手術を受けた人の中には関節リウマチのような膠原《こうげん》病が発生したり、場合によっては乳がんになってしまう人もいました。

また、長期的に見た場合の美容整形の問題点も挙げておきましょう。それは、やはりメンテナンスに多大な費用がかかるという点です。

たとえば、鼻を高くするために詰め物をすればそれが後に歪んでくることもあります。顔のシワやたるみもすべてが均等に起こるわけではありませんから、日が経つにつれ、顔の左右のバランスが不釣り合いになったりすることもあります。顔の一カ所だけツルツルしていてほかはシワだらけ、たるみだらけでは話になりません。そのため年をとるにつれて、メンテナンスも細かく行う必要があります。

一度受けたら、ずっと受け続けなければならない最たるものが、ヒアルロン酸注入です。ヒアルロン酸がなくなればその分、皮膚はたるみます。たるんだ皮膚に張りを与えるには、再度ヒアルロン酸を注入するしかありません。リピーターが期待できるヒアルロン酸は施術も手軽なので美容整形医が好むメニューでもあるのです。手頃な料金だから、と気軽に受けた施術もメンテナンスの回数が増えれば、相当な金額となってしまいます。

美容整形は「一度手術を受ければそれで終わり」ではなく、「一度手術を受けたら、死ぬまでメンテナンスを怠れない」ものなのだということも覚えておいていただきたいと思います。

福をもたらす「福整形」が大流行

プチ整形などはもはや当たり前となった今の韓国では、多数の人が日本人がお化粧をしたり、洋服を着替えたりするような感覚で、美容整形を受けているのかもしれません。

かつては美容整形を受けるのは女性が主でしたが、今では男女問わず、自分の運命をよりよいものにするために整形手術を受けるケースが増えているようです。

そんな風潮を反映して最近の韓国では、「福をもたらす」とされる〝福整形〟なるものが大変話題となっています。

いい人に巡り合い、いい結婚をするために、あるいはいい会社に就職するために、そのための〝幸運の相〟を手術によって手に入れ、幸せな人生を歩もうというわけです。福整形を受けるのは若い男女だけでなく、仕事の運気を上げたいと考える中年男性もいます。

観相家に顔を見てもらい、「あなたはちょっと鼻が低いから運が呼び寄せられない」と言われれば鼻を高くし、「額にシワがあるからダメだ」と言われればシワを除去する手術を受けたりするわけです。

手術する部位も目、鼻、口にとどまらず、顔全体で明るい印象を与えようと額や顎といった骨格にまで手を加える人も珍しくありません。

福整形が実際に福をもたらしてくれるのかどうか、それは手術を受けた人でなければわかりませんが、福整形の流行は、観相が庶民の間にどれだけ広まっているかを表すひとつのエピソードだと思います。

ところで、福整形を流行らせるほど観相が韓国人の間で浸透している背景には、韓国人の占い好きという国民性があります。

古代の朝鮮半島、統一新羅の時代の文献を見ると、国が定めた身分である官職の中に、医師と並んで占い師も記されています。

当時は占い師が官職として認められていただけでなく、博士の位まであったというのだから驚きです（ちなみに『源氏物語』に登場する観相家も博士です）。

さらに新羅から高麗《こま》の時代になると、占い師が変遷して、どういうわけか主として外科的な病気の治療にあたるという風潮も見られたようです。ただ、外科といってもその初期は今でいう精神病を扱っていたと思われ、徐々に皮膚の病気などの「体表を診る」ことが増えていったのです。

高麗の時代になると占いは一般庶民の間にも広まり、観相のみならず、占星術や四柱推命なども多くの人から支持されました。

その証拠に、韓国には当時の占星術のためにつくられた天文台が全国各地にまだたくさん残っています。

韓国人の占い好きは、そういった長い歴史の中で育まれてきたものなのです。

韓国では、不景気になればなるほど、占いが盛んになります。私の韓国人の知り合いも、何をするにしても「まずは占いをしてから」という傾向が確かに見られます。

家を新築するとき、子どもが生まれるとき、就職するときなど、何かにつけて占いを利用します。結婚相手を決めるときなどは、ほとんどの人が占いを行っているようです。

「どこそこの占い師がいい」と聞きつければ、たとえその占い師が遠方にいたとしても、そこまでわざわざ出かけていきますし、冗談のような話ですが「あなたにはこの占い師が合っています」と紹介してくれる占い師まで存在するといいます。

お墓も、どこに造ったらいいかを占い師に聞いてから造ります。日本では「○○家之墓」として親族は一カ所の墓地に葬られるのが一般的ですが、韓国では親族でもお墓の場所がまちまちですから、お墓参りをするだけでも大変なのです。

韓国の占いは、日本とは比べものにならないほど、それぞれの生活に密着しています。

ですから現代でも、結婚しようと思っている恋人がいたとしても、占いで「この相手はよくない」と言われれば結婚を諦めてしまうことも珍しくありません。

「まずは占い師に占ってもらってから」

それが韓国の文化でもあるのです。

日本の流れを汲む韓国の整形技術

日本の美容整形は昭和初期に始まったとされ、戦後の１９５０〜60年代に広く普及していったといわれています。

美容整形は医学的には形成外科の一種であり、日本に美容整形が普及し始めた１９６０年代頃は韓国よりも日本のほうが形成外科の技術は進んでいました。

今の韓国の美容整形の医師には、大きく二つの流れがあります。

ひとつは美容整形大国であるアメリカで最先端の美容整形の技術を身につけた医師、もうひとつは形成外科の技術が韓国よりも進んでいた日本で研修した医師です。今は韓国も形成外科技術が進んでいますから、日本に研修に来る人も少なくなりましたが、20年ほど前までは日本の医科大学の形成外科の講座には、多くの韓国人の研修生たちの姿がありました。現在、韓国で活躍している形成外科医は、日本で研修を受けた人がほとんどで、アメリカ帰りの人は3分の1くらいのものだと思います。

もともと、日本の形成外科医もアメリカで技術を学んだ人がほとんどでしたが、彼らは帰国してから、アジア人に合う技術をいろいろと開発していきました。欧米人とアジア人の顔立ちはまったく違うため、当時のアメリカ帰りの日本人外科医たちは、欧米の形成外科技術をアジア人に合うように改良する必要があったのです。

アメリカには一重の人があまりいませんから、当時の医師たちは二重まぶたにする技術を国内で磨いたでしょうし、鼻を高くするような手術も帰国後に経験を重ね研鑽《けんさん》を積んだはずです。

韓国で盛んに行われている顎を削る手術も、もともとは日本で生まれた技術です。

しかし今や症例数は韓国のほうが日本よりもずっと多くなり、首都ソウルでは、19〜49歳の女性のうち、5人に1人は美容整形手術の経験者だといいます。

美容整形クリニックの数も日本を大きく上回り、現在、韓国国内には約1100カ所の美容整形クリニックがあるといわれています。実際にはヤミ整形のようなところもありますから、それらを合わせれば数はもっと増えるでしょう。

形成外科部門では、今や韓国は日本を追い抜き、世界を代表する美容整形大国となったのです。

中国では美容整形ツアーが大人気

現在、韓国の美容整形は国内のみならず、アジアから熱い注目を集めています。日本から韓国へ、美容整形を受けるためだけに訪れる人は結構いるようですが、中国人のそれは日本人の比ではありません。

観相においても、韓国人と近い価値観を持つ中国人は「顔を整形することによって運勢が変わる」と信じています。

近年、中国は目覚ましい経済発展を遂げ、国民の所得も増えました。裕福な中国人が増えたことにより、韓国へ美容整形のために訪れる中国人の数は年々増え続けているといいます。

韓国では、中国人を自国に呼ぶための美容整形ツアーも盛んに行われています。これは一種のメディカルツーリズム（医療ツアー）ですが、美容整形に対する考え方が違い不景気にある日本より、好景気に沸き、なおかつ考え方の近い中国人のほうが韓国にとっては招きやすい対象なのかもしれません。

韓国で整形手術をする中国人が増えたことで、思わぬところに影響が出ました。それは中国の出入国審査所です。

韓国で美容整形を受けた人の容貌は、パスポートの写真とは大きく変わってしまっています。そのため、整形手術を受けた人が、他人のパスポートを使って出入国しているとの嫌疑をかけられ、調査される事例が増えているというのです。

これでは出入国で時間がかかりますから、整形手術を受けた本人だけでなく、審査するスタッフやその他の旅行客にとっても迷惑な話です。

そこで韓国では、美容整形手術を受けた人に証明書を発行するようになり、また、中国では、整形手術を受けた人にはすみやかにパスポートを更新するように呼びかけているそうです。

韓国と並ぶ美容整形大国・ブラジル

韓国のように美容整形が一般化している国にブラジルがあります。一昔前まで、美容整形手術数の世界最多国はブラジルでした。今でも年間80万件に及ぶ美容整形手術が行われているといいますから、美容整形がいかに一般化しているかおわかりいただけるでしょう。

ブラジルの美容整形は顔のみならず、豊胸手術やヒップアップ、脂肪吸引など全身にわたる美容整形が主流となっています。

第16代アメリカ合衆国大統領のエイブラハム・リンカーンの残した名言に「40歳を過ぎたら自分の顔に責任を持て」というものがあります。

しかし、欧米人とは人生観が異なるラテン系の人々は、「40歳まで待てないよ」という感覚があるのかもしれません。

40歳になったらもう手遅れ。その前の若いときに整形をして、人生を華々しく、楽しく過ごしたい。ブラジルでは年に一度、世界的にも有名な祝祭「リオのカーニバル」が行われます。カーニバルにはスタイル抜群の踊り子たちが登場し、美しい姿と華やかな踊りを披露してくれますが、ブラジルの女性たちには「自分を美しく見せたい」「理想のスタイルでありたい」という願望が他国の女性に比べ、強いのでしょう。

とにもかくにも、ブラジルの整形手術が多いのは韓国と同様に、その国の歴史や文化、さらにそこで暮らす人々の人生観が反映されているように思うのです。

また、美容整形とはちょっと異なりますが、先日アメリカに行った際に大変驚くことがありました。

私は35年ほど前にアメリカの研究所に勤めていた時期があり、アメリカの文化にはだいぶ馴染んでいます。

しかし先日、久しぶりにアメリカに行ったところ、黒人の人たちの頭髪を見てとても驚きました。

以前であれば、黒人の人たちはアフリカン特有の縮れた髪の毛をしていました。ところが今や、縮れ毛の人はほとんどおらず、みなストレートの髪の毛になっています。とくに女性はみなストレートヘアで、とても黒人には見えない人もたくさんいました。20年でこれほど変わってしまうのかと、大変驚いたものです。

知り合いのアメリカ人に聞くと、特殊なクリームをつけてブラッシングするだけで縮れ毛がまっすぐになってしまうといいます。

いつの時代も、どの地域であっても、人間は美容、あるいは美しさというものを求めるのだとつくづく感心しました。

そういった人間のあくなき欲求を考えれば、美容整形はこれから先も廃れることはないでしょう。

程度の差こそあれ、美しさを追い求める感覚は、美容整形の盛んな韓国だけでなく、ここ日本もまったく同じなのです。

シンメトリーは美人顔に直結しない

〝美人〟に明確な基準はありませんが、一般的にはシンメトリー（左右対称）な顔は美人顔だといわれています。確かにアイドルや人気俳優などの顔を検証すると、シンメトリーな人が多いのは事実です。

しかし私はあまりシンメトリーが美人顔に直結するとは思っていません。肝心なのは左右のバランス、顔全体のバランスであって、美人顔は必ずしも左右対称でなくてもいいと思うのです。

実際シンメトリーに見える美人でもよく見ると左右で目の大きさが少し違うとか、唇の形が微妙に違っていたりするものです。美容整形で美人顔になった人の顔を不自然に感じたりするのは、シンメトリーにこだわりすぎたために微かなアンバランスが生む人間味のある表情を消してしまったからなのです。

竹久夢二の絵に描かれた女性はちょっと歪んだ感じの顔をしている人が多く、それがどことなく、か弱さやはかなさを感じさせます。そんなところが多くの人を惹きつける魅力となっているのです。

万人がシンメトリーに美しさを感じていたのなら、竹久夢二の絵が現在のように高く評価されることはきっとなかったでしょう。


人間が相手の顔を認識するのは〝パターン認識〟ですから、感じ方も人それぞれで美人観を統一するのはなかなか難しいものです。

真実はそうですが、今の世の中では「こんな顔が美人」というコンセンサスが何となくできあがっている気がします。

これは、メディアの力によるところがとても大きいのではないかと私は考えています。メディアによく登場する顔、いわば人気のアイドルや俳優の顔が〝美しい〟と定義され、世論として認識されていく。そんな流れが確立されているように感じるのです。

先述したように韓国では人気の俳優がメディアなどで福顔として取り上げられると、美容整形にやってくる人たちがこぞって「あの俳優のような顔にしてくれ」と言ってくるそうです。

美しさの感覚は人それぞれで大いに結構ですが、少なくともメディアの情報に流されることなく、自分なりの美的感覚を持っていたいものです。

【コラム】日本人の化粧は世界から見れば異常

日本人は韓国の整形文化に疑問を感じますが、韓国から見ると日本人の化粧は「何であんなに濃い化粧をするの？」と不思議がる人が多いようです。

日本ではご年配の方でもお化粧をしています。世界的に見ても、いわゆる〝おばあちゃん〟世代の一般人が、まるで白塗りのような化粧を施しているのは非常にまれといえます。

日本人にとって女性が何歳になっても化粧をするのは当たり前のことかもしれませんが、世界から見るとそれは決して当たり前のことではないのです。

若い世代には見かけませんが、年配の方の中には眉毛を剃り（場合によってはすべて）、ペンシルでくっきりと眉毛を描いている人も珍しくありません。韓国人も中国人も、眉毛を濃くする、つけ足す、あるいは整えるという手の加え方はしますが、日本人のように眉毛を剃ることはあまりしないため、これは非常に奇異に見えます。

厚化粧は肌にもよくないことばかりで、医学的にも濃い化粧はおすすめできません。韓国の知人たちを見ても、お化粧という点では日本人より韓国人のほうが不自然さがなく上手だと思います。そう考えると、日本人は化粧品会社に少し毒されてしまっているのかもしれません。

ただ、観相学の観点からいうと、美容整形で運勢が変わるように、化粧によっても運勢は変わっていくと思うので、欠点をカバーしたり、よいところをアピールしたりするお化粧は、どんどん取り入れるとよいでしょう。ただし、福を招くとしてもほどほどに。「笑う門には福来る」という通り、明るい笑顔が福運を招き自然と運気は上がっていくのではないでしょうか。

肝心なのはまわりに好印象を与えることですから、どうやったら自分の顔を明るく好印象に見せることができるのか、自分だけの「運を引き寄せるメイク法」を探し出してみてはいかがでしょうか。

第3章　顔で人を読む

――相手を一瞬で分析する観相術

人の顔は千差万別で、体の部位の中でもこれだけ複雑に情報が入り組んでいるところはありません。

それだけに、顔から得た情報を解析・分析し、再現性を高めていくことは非常に困難な作業であり、「あの観相家はよく当たる」といわれる存在になれるのはごく一部の観相家だけです。その結果、観相は名人芸のようなものになってしまいました。

このため、現代の日本において観相は時代とともに廃れ、迷信に準ずるようなものになってしまったのです。

本章では、日本観相の祖である水野南北に倣《なら》い、顔を3つの範囲に分けて判断する〝三停論〟をもとにした人相の観方を説明します。

人相の基本的な観方

現代日本では目鼻立ちがはっきりした小さめの顔が美しいとされますが、平安時代はおちょぼ口で下膨れの「おたふく」のような顔で、何より黒髪豊かな女性が美人とされていました。このように時代ごとに〝美しさ〟は大きく異なり、その時代の人の顔のデータをとって平均化すると、もっともバランスのとれた理想的な美しい顔になるといわれています。

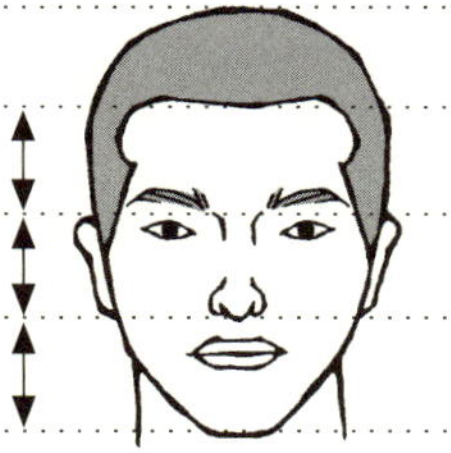

観相の顔を見るときのポイントも、このバランス論の流れを汲む三停論に基づいた次のような観方が基本となります。

顔を正面から見たとき、額の生え際から眉間までを上停とし、眉間から鼻先までを中停、鼻下から顎までを下停とする３つのパートに分け、それぞれの部分の発達具合や形・バランスにより相を分析します。

「三停」のバランスがよいと物事も成就しやすい

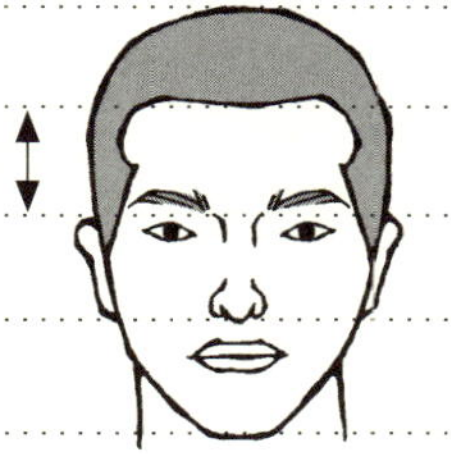

「三停」は物事の起点、過程、結果も表すため、均等に豊かであるのが吉相

上停（髪の生え際から眉間まで：主に額）を観る

額部分は年齢を重ねるにつれ広くなっていく部分であり、運勢学的にはここで初年運（誕生～25歳頃まで）を観ます。大脳の上部に応ずる部分で、知恵や思考パターン、道徳観念が表れるとされます。

①天運を司る

②社会性を司る

③人生の初期（0〜25歳）を司る
④禄を司る
⑤知性・理性を司る

吉相：上停の肉が厚くて、豊かに見える顔（孫正義さん、谷村新司さん等）
・知力が強い、品性高潔で力深遠、道徳感が強い、正義漢
・目上の人とのつき合いに恵まれ、引き立てや助けが多い
・若いころの運勢がとくによい
・まわりの環境に順応する能力が高い
凶相：上停の肉が薄く、骨が見えるほどに貧弱な顔、額が狭い、傷などがある顔
・若いころの運勢が弱い、遅咲きタイプ

・上司や目上、祖父、父などと意見が合わない

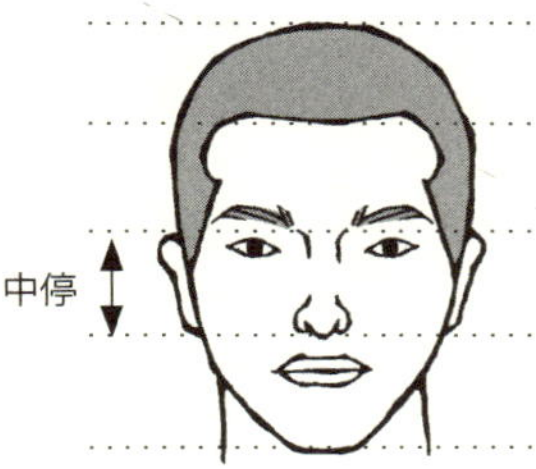

中停（眉間から鼻の頭まで：主に鼻）を観る

中停区には顔の部品である目や鼻、頬、側面には耳が存在し、運勢学的には中年運（25歳〜50歳頃）を観ます。大脳の中部に応ずる部分で、言動や行動力、行動パターンが表れるとされます。

①本人の身体を司る
②自己の権威を司る
③自己の福運、すなわち財産を司る
④中年（25〜50歳）を司る

吉相：中停の肉が厚く、豊かに見える顔（西川きよしさん等）
・独立心に富む、組織を指揮する
・音楽、芸術の才がある

・勝気、我意をどこまでも通す
・中年の運勢がとくによく、人に重んじられるようになる
凶相：中停の肉が薄く、骨ばって見える顔
・福運に恵まれない
・中年に苦労が多く、人から重んじられることが少ない

下停（鼻の下の人中から顎までの間）を観る

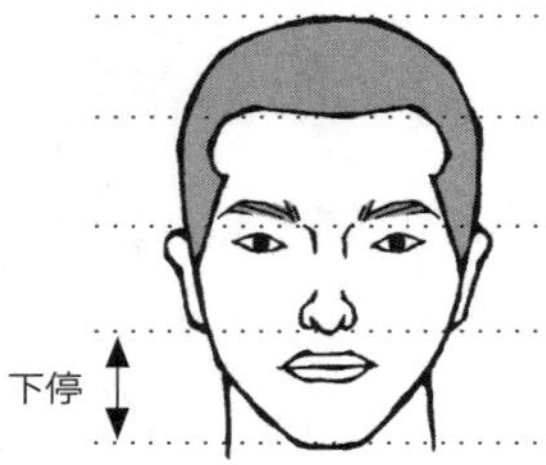

下停区は口と顎がある顔の下部分で、運勢学的には晩年運（50歳以降）を観ます。後頭葉と視床下部に応ずる部分で、物を見る視覚中枢や、体温・血圧といった体を維持させるために働く自律神経系・内分泌系の中枢を司り、経済的・精神的な安定を表すとされます。

①地運を司る
②住む家を司る

③目下や子弟を司る
④老年（50～80歳）を司る

吉相：下停の肉が締まって豊かで、美しく見える顔（女優の中村玉緒さん等）
・友愛、慈愛、夫婦愛、家庭愛が強い
・妻子や目下の縁が多い
・家をよく治めることができる
・福運が強くて年老いても財運に恵まれ、老後の運勢がよい

凶相：下停の肉が膨れたように肉に締まりがなくてたるんでいる顔
・飲食に淡白である
・目下との縁が薄く、なかなか家をしっかりと治められない

・老後に苦労が多い

顔の輪郭を観る

顔の形、輪郭は台形や菱形、三角、四角、丸顔など、十人十色です。観相では顔の輪郭の基本形として逆三角形と丸顔、四角顔の3種類に分けて考えます。その分類により、性格や資質も大まかに分けることができるのです。

【逆三角形】智型。額が発達し、下に行くほど弱々しくなる。智の勝るタイプ（タモリさん、明石家さんまさんなど）

逆三角形の基本的な性質

・知覚神経が発達していて感受性が鋭い。記憶力に優れ、理論的、学究的

・気難しくて口うるさいタイプ

・職業的には経営や金儲けは苦手なため、政治家や実業家には不向きだが、副官、参謀役としては最適

【丸顔】情的。仁に富み、情に勝るタイプ（井上真央さん、水卜麻美アナウンサーなど）

丸顔の基本的な性質

・協調性があって、理屈でも腕力でも闘争を嫌う
・几帳面なことは苦手
・すぐに感動したり、動揺したり、情に流されやすい

【四角顔】意地型。顔面中部の頬骨が発達し、顎がしっかりした顔。意地っ張り（片岡鶴太郎さん、堤真一さんなど）

四角顔の基本的な性質

・喜怒哀楽がうまく表現できず、表面的には優しさを感じられにくい
・粘り強くて困難に直面してもへこたれず、信念を決

して曲げない

・職業的には、天性の意地と体力で何でも一通りこなすことができ、男女とも仕事人間

額を観る

ここからは、顔のパーツごとに何を観ることができるか、を説明していきます。

まずは、上停にある額です。

額は目上の人との関係を司るとされ、ここから対人関係を探っていくことができます。また、人の運勢の吉凶を予測できるとされています。

額の観方は、広さ、凹凸・肉づき、生え際の形の順となり、さらに傷やホクロ、シミ、シワの有無によっても判断が変わってきます。

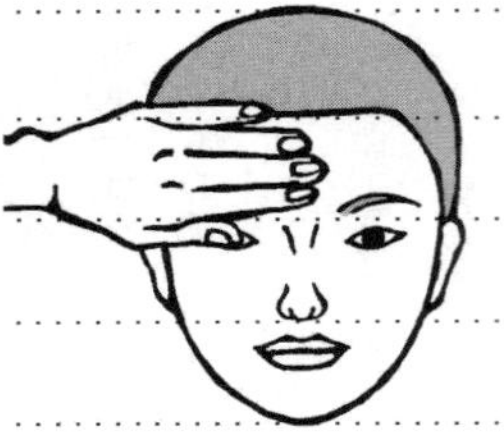

【広さ】生え際から眉間の間に指三本が入る長さを標準とする

（イラスト参照）

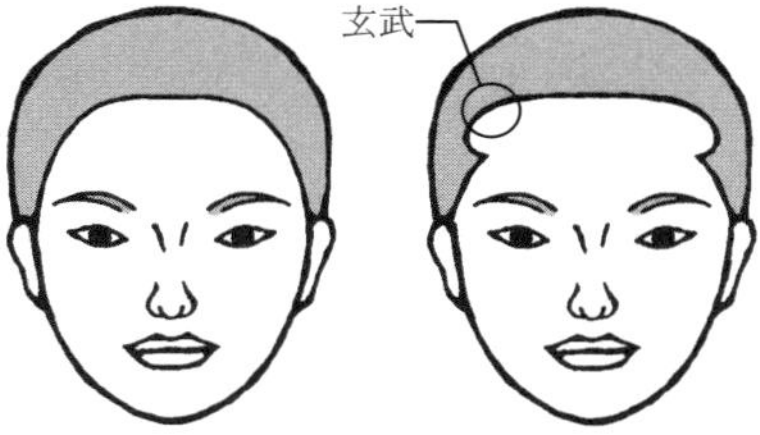

【凹凸・肉づき】左右均等に肉がついているものをよしとし、
ここに傷やホクロがあればマイナスポイントと判断する
【生え際の形】髪の生え際のラインが直線に近く、玄武《げんぶ》と呼ばれる張り出しがあるものは男額と呼ばれ、丸いカーブを描くものは女額と呼ばれている

眉を観る

眉はその人の精神状態や品性を表し、身内との縁や寿命もここに出るとされます。

眉は①太さ、②長さ、③毛量と流れ方、④眉間に注目して観ていきます。

【太さ】顔の中でのバランスを第一とするが、左右の位置が揃っていることも重要

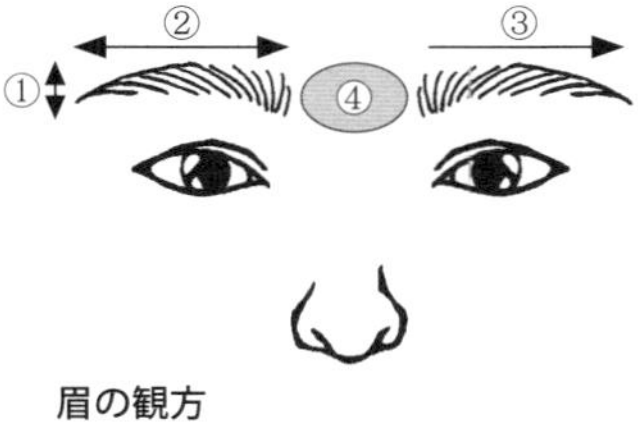

眉の観方

① 太さ　② 長さ
③ 毛量と流れ方　④ 眉間

【長さ】目の幅よりも長いことをよしとする
【毛量と流れ方】身内との結びつきを表す眉は、濃すぎず薄すぎず、眉頭から眉尻まで途切れていないものがよいとされる。また、眉のカーブには性格が表れ、直線に近くなるほど一本気な性格となる
【眉間】眉と眉の間に心の広さが表れるとされる

眉の吉相例

〔基本の観方〕目の幅より長く、適度な毛量と太さがあるの

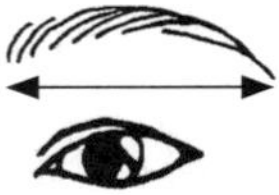

目の幅より長く適度な毛量のある眉が吉相

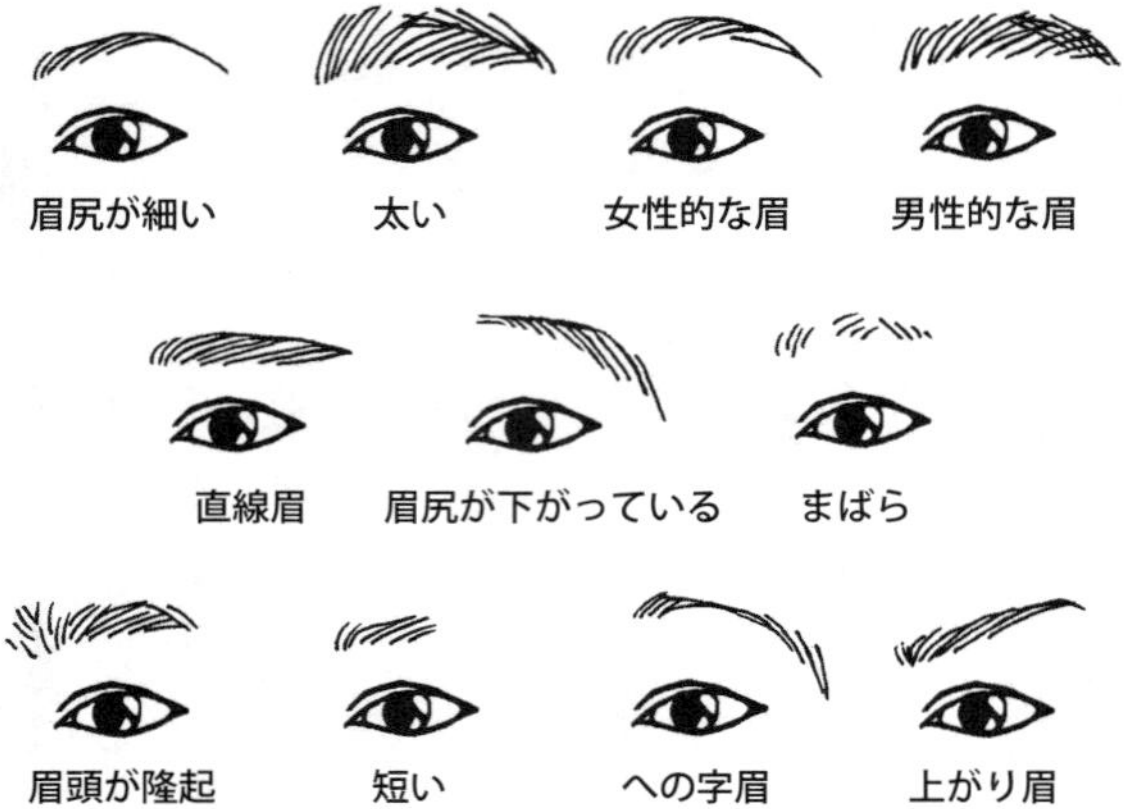

が吉相
〔男性的な眉〕眉山へ向かって力強い直線を描く太くて長い眉が吉相
〔女性的な眉〕自然なカーブを描き、眉尻が細くなるのが吉相
〔太い〕太すぎて黒々とした眉は、血気盛んな相で家を乱すとされる
〔眉尻が細い〕子孫を表す眉が薄い＝子に縁がないとされ凶相
〔まばら〕生え方が混合していたりまばらな眉は、体が弱く短命
〔眉尻が下がっている〕心優しくて涙もろく、早くに分をわきまえる
〔直線眉〕意志強く集中型。自らの努力で開運する
〔上がり眉〕情感を司る上停を狭めているので、情に薄い
〔への字眉〕情に篤い。眉骨が発達しているのは芸術家向き
〔短い〕孤独相とされ、身内との縁が薄く、いても頼りにならない
〔眉頭が隆起〕心がいら立っている、心配事が多い
〔眉間が狭い〕心の広さを表す眉間の幅が狭い＝短気で心配性
〔眉間が広い〕心も広く、開放的

眉間が広い
寛大で開放的

眉間が狭い
こだわりが強い

まぶたが中指幅より広い
財運に恵まれる。女性は玉の輿に乗れる

まぶたが中指幅より狭い
財運は不安定だが、一芸に秀で成功する

家続（目と眉の間）を観る

眉と目の間は家続《かぞく》と呼ばれ、度量を測り、家の相続を判断するとされます。

家続では、肉づき、たるみやむくみ、目と眉との幅、シワや色つや、を観ていきます。

〔肉づきがよい〕豊かで十分な広さがあれば、心穏やかで福運に恵まれる

〔たるんでいる・落ちくぼんでいる〕心が落ち着かず家を乱すとされ凶相

〔むくんでいる〕親不孝な言動が多く、生涯に一度は大きな苦労をする

〔目と眉の間が広い〕広さは心の豊かさを表す。物おじせず、相応の福運に恵まれる

〔目と眉の間が狭い〕才はあるが、鬱屈した心の持ち主のため、福運に恵まれにくい

目と眉の間が広い
オープンな性格。恋愛面や金銭面はルーズ

〔細かいシワが多い〕家や相続についての心労が多く、家庭内でのもめ事が多い

〔ホクロや傷がある〕家の相続に障害があり、親の家を継がず、妻との縁も薄い

目と眉の間が狭い
忍耐強く努力家。打算的な面もある

目を観る

目は心を表す場所で、心の清濁やそのときの苦楽、感情を観ることができます。

目を判断するポイントは、大きさ、形、白目と黒目のバランス、動き方となります。

【大きさ】目の大きさは積極性や感受性の強さを表すとされ、大きいほど積極的・開放的な性格となり、感情を表に出すタイプ。小さいほど消極的・内向的な性格となり、地道に努力することを厭わないタイプとなる

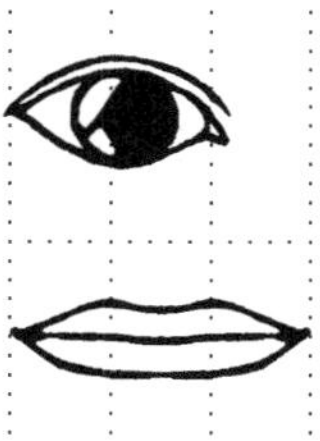

口幅の3分の2以上なら大きな目

【形】切れ長で水平にあるのを平常とする。丸い目は利己的で自己愛が強く、細い目は冷静沈着でじっくり思考

する理論派

【白目と黒目のバランス】黒目が中央に位置するのは常識のあるタイプ。黒目が常に上にある女性は負けず嫌いでプライドが高い。下にあるのは、優しいがだらしない人

【動き方】眼球の動きが速いのは俊敏で神経質、他人の気持ちを察して配慮する人。動きが鈍いのは、のんびり屋で楽観的な性質が強くなり、周囲を気にしない人。心に邪《よこしま》な思いがあるときも、目はよく動く

〔まばたきが多い〕気力に欠け、心がいらついている状態。また、根気がなく臆病

〔目が深くくぼんでいる〕性急な性格で、善にも悪にも敏感。涙もろい

〔飛び出たように大きな目〕根気が弱く心が動きやすいため、妻との縁が変わることが多く家を乱す

左右大きさが違う

左目が大きい：頭脳明晰で勝負師気質

右目が大きい：忍耐強く目標を達成する

耳を観る

耳は知識を聞いて得る部位のため、その人の知性を観るところとされます。また、耳はその形が一生変わらないため、中国人は生まれ持った福運（財運や出世運）をここで観ます。

耳は、肉づき、かたさ、大きさ、形、位置で観ていきます。

【肉づき】まず、耳のへり（耳輪《じりん》）の厚さを観る。厚ければ心の大きい親分肌タイプ。薄ければ自分のことで精一杯な狭量さが目立つ人となる

【かたさ】耳輪のかたさは度胸の強さを表すバロメータでもある。大きくてかたければ度胸も実行力もある人。小さくて柔らかいのは、気弱で行動力もない福運に恵まれない人となる

【大きさ】耳の長さは鼻の長さとほぼ同じ。耳の大きさは心の大きさと比例すると考えられ、耳が大きくてのびやかであれば、才智があり機敏に行動する福運にも恵まれたタイプ。小さな耳は、小心者で根気も続かない

【形】耳の形は、均等に丸みを帯びているのが、知性と行動

小さな耳たぶ
真面目で仕事ぶりは実直だが散財しやすい

大きな耳たぶ
富と地位に恵まれる吉相。硬い耳たぶは幸運のしるし

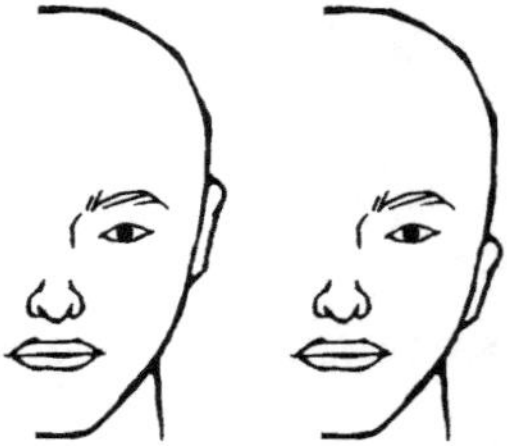

耳は上にあるほど感覚が鋭敏
目の位置より上にあれば勘がよく機敏。下側にあれば熟考タイプの理性派

力のバランスがとれた吉相。耳たぶの大きさよりは、全体のバランスを観る

【位置】理想的な耳の位置は、眉の高さから鼻下の間とされ、下がれば下がるほど性格がだらしなくなるとされる。高い位置にあると、勉強熱心で努力家となる

〔耳がのびやかに立ち上がる〕才智があり物覚えもよく、大胆に行動する

〔耳輪が飛び出ている〕自己主張が強く、親元を離れる

〔耳が両側へ開いている〕警戒心が強く、行動的ではない

〔耳たぶがふっくら丸く大きい〕心が豊かで、誰からも愛される性格

〔耳たぶが小さい〕心に落ち着きがないが、才能には恵まれている

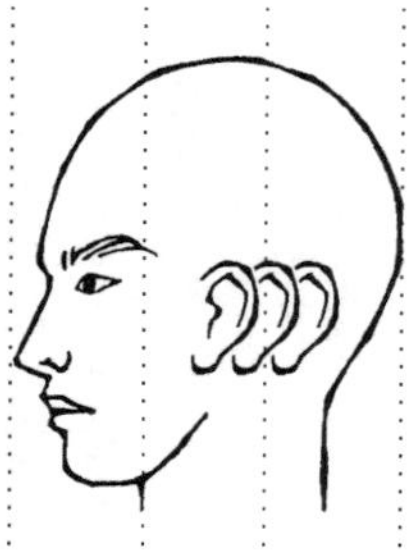

顔寄りの耳はリアリスト
頭部側面の後ろ３分の１位置を標準とし、それより前側にあれば現実主義者、後ろ側なら空想家

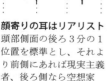

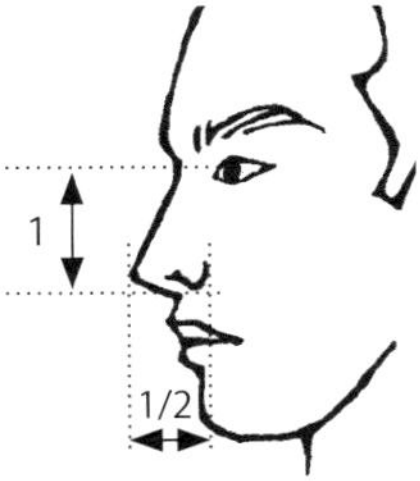

鼻の高さ
鼻の長さの半分を高さの基準とする

鼻を観る

顔の中央に位置する鼻は、自分自身を表し、実行力とその成果（金力）を判断する部位とされています。鼻は、大きさ、高さ、肉づき、長さを観て判断します。

【大きさ】バランスよくがっしりと大きな鼻は、自信があり強運のしるし

【高さ】鼻の高さは、意志力を表す一方で、プライドの高さも表す

【肉づき】準頭（鼻の先）と金甲（小鼻）の肉づきで金運を観る。肉づきよく、丸くハリがあれば金運・財運に恵まれる

【長さ】長いほど長命とされ、髪の生え際から顎先までを3等分した長さを目安にする。この長さよりか

小鼻の張りは金運のバロメータ
ふっくら張った小鼻で鼻孔が小さいと蓄財の相

鼻孔が見えるのは金運があっても散財の相

高くがっしりした鼻は自信家

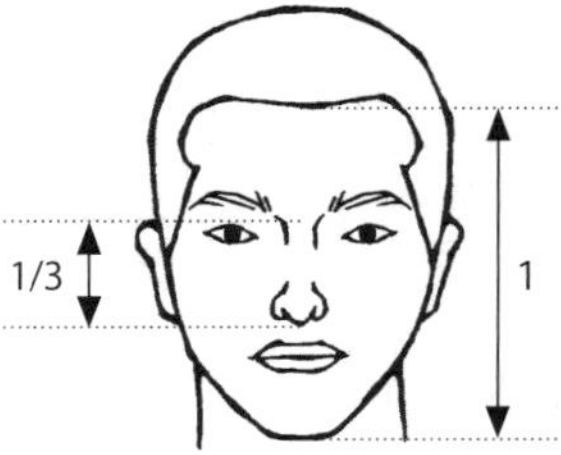

鼻の長さ
顔の３分の１の長さが目安。長い鼻は中年以降に好運のチャンス

なり短ければ、お人よしだがだらしなくなり、長ければ思慮深くこだわりが強いタイプとなる

〔どっしりとした鼻〕自己主張が強く、実行力もある

〔細長くとがった鼻〕神経質なところがあり、はっきりものを言うタイプ

〔低く丸みのある鼻〕子どもっぽい性格でおおらかだが、実行力があまりない

〔鼻筋が通り肉づきもよい鼻〕目上の人に引き立てられて出世しやすい

〔下向きにとがった鼻〕自分のやり方にこだわり頑固さが目立つタイプ

〔上向きで鼻孔が見える〕目上に背き、郷里を離れて暮らし散財が多い

〔段鼻〕闘争心旺盛で、気難しい

下向きにとがった鼻はこだわり屋

わし鼻は商才の相
わし鼻の人は話術も巧みで商売に向く

〔長い鼻〕長命だが、心が豊かなので人の世話をすることが多い
〔短い鼻〕こだわりなく自由気ままな性格だが、早死にしやすい
〔鼻に細かい縦筋がある〕苦労が多く、子に縁が薄い
〔小鼻の肉づきがよい〕金庫と呼ばれる小鼻がふくよか＝金運に恵まれる

自力で財を築く
肉づきよく大きい鼻はトップの相。大成し財を築く

頬骨を観る

頬骨は、目や口に比べて動きも少なく目立たない部位ではありますが、ここには世間との関わり方や積極性が表れるとされます。
頬骨は、左右の高さ、張り出し方、肉づき、を観て判断します。

【高さ】頬骨の高さは世間へ出ていく積極性として行動に表れ、高いほど行動的となる。左右不揃いは、飽きっぽい性格で何事も中途半端になりがちのため凶相とされる

【張り出し方】大きく出ているのは積極性のしるしだが、顔正面ではなく横に張り出していれば、気の強さが災いして対人関係に難あり

【肉づき】ふっくらと盛り上がって適度なハリがあれば、文句は面と向かってはっきり言う性格。肉づきが薄いのは横暴性が勝り、凶

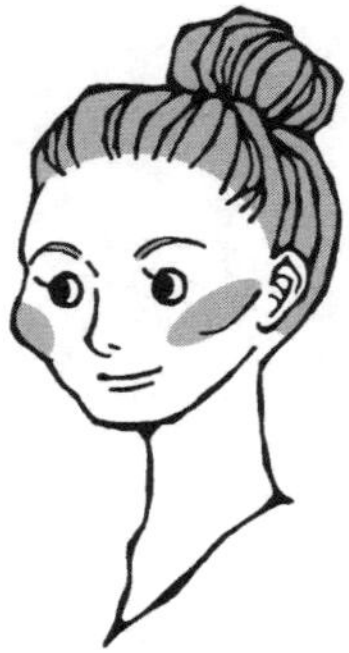

〔頬骨が高い〕高いほど活動的な性格となり、嫉妬心も強い。涙もろい面がある

〔頬骨が低い〕消極的な性格で多くを望まない。願望も叶えがたい

〔高く耳まで続いている〕智を司《つかさど》る耳へ通じているので、リーダーとなるタイプ

〔横に張り出している〕活動的だが、心がいらついていて対人関係はよくない

〔右側が張り出している〕女性は右側で公の対人関係を観るので、仕事に生きるタイプとなる

〔左側が張り出している〕女性は左側でプライベートを観るため、家庭的なタイプとなる
〔額・鼻・顎・両頬骨が張り出している〕活動的で対人関係も良好となり商売が繁盛する

法令線を観る

法令線には、鼻（自分）を支える仕事運や家庭・住居運、身近な人との縁が表れるとされています。

法令線を観るポイントは、線の濃さ、広がり、長さ、となります。

【線の濃さ】自分を支える根（＝仕事や家庭、健康）がしっかりしていれば、法令線ははっきりくっきりと表れる
【広がり】たくましく大地に根を張るように広がっているもの（＝末広がり）を吉相とする。横へ張り出すように広がるのは、開拓精神旺盛でエネルギッシュなタイプ

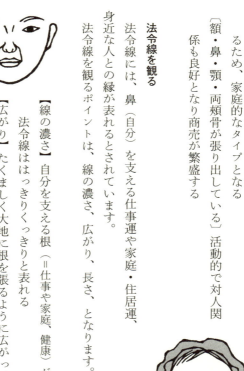

年齢や地位が上がるほどくっきり
責任ある年齢や地位になると法令線もはっきりする

10〜20代は法令線がはっきりしない

【長さ】寿命の長さを表し、途切れたり線上に傷やホクロがないのが吉相

〔くっきりした法令線〕自己主張がはっきりしていて、自分にも他人にも厳しい

〔法令線がない〕自分を支える生活基盤がまだできていない。押しに弱いタイプ

〔法令線が広がっている〕人も商売も手広く面倒を見るタイプ。人に重用される

〔法令線が狭い〕倹約家。自分を支える運や縁が少ないので貧相とされる

〔法令線が長い〕広がっていれば長命。垂直に降りるものや狭いものは孤独相

〔法令線が短い〕短い、あるいは切れ切れの法令線は、職が定まらず短命

〔2本以上ある〕縁を重ねる運勢となり、たびたび職業を替えたり副業を持つ

〔左右がアンバランス〕片親との縁が薄い。左側の法令線は、男性なら男親、女性なら女親を表す

〔口を囲むような法令線〕胃腸が弱く、神経質で失敗しやすい
〔枝分かれしている〕枝分かれしている地点（年齢と関係）から事業が発展する

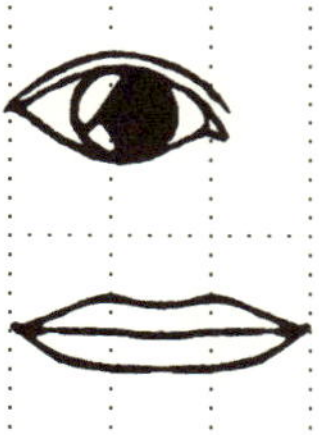
目の横幅の1.5倍が目安。それ未満なら小さい口

口を観る

口は「大海」とも呼ばれ、生命力の根源であり成長の資源となる水や養分をどれだけ蓄えているかが表れる部位です。口の形や大きさから、愛情や気力、寿命や子どもとの縁を観ることができます。

口の観方は、顔の他部位とのバランスが第一となり大きさ、形、厚さや上下のバランスで判断します。

【大きさ】主に鼻とのバランスで大きさを判断する。
大きさは生命力を測るバロメータでもある

【形】輪郭がくっきりとして、適度に引き締まり口角

大きな口はオープンマインドの証。社交的で隠し事は苦手

唇の吉相

バランスよく引き締まり口角が上がった唇

口角が下がっているのは不満が多く心が不穏

が上がっているのが吉相

【厚さ】唇は情の厚さを表し、厚いほど人情家で愛情表現も豊かとなる

【上下のバランス】上唇は天からの愛と自分が他へ施す愛を表し、下唇は受け取る愛を表す。上下の唇の厚さがほぼ同じくらいが吉相

〔口が小さい〕小心で地味な性格。子との縁が薄い

〔口が大きい〕野心家。度胸があって明るいので人気がある

〔唇が反り返っている〕積極的。出しゃばり

〔口角が下がっている〕不平・不満が多い。散財しやすい

〔口角が上がっている〕明るくおおらかな性格

反り返った唇
積極的なタイプ

大きな口

バランスのとれた唇

おちょぼ口

厚い唇

薄い唇

下唇が出ている
理屈っぽいタイプ

〔薄い唇〕クール。思いやりに欠ける面も
〔厚い唇〕人情に篤い。博愛主義
〔唇が厚く小さな口〕おちょぼ口。要求が多い人。妬みがちだが努力家
〔下唇が出ている〕反骨精神旺盛な理屈屋
〔口が開いている〕気力の門である唇が開いているので、病弱で根気に乏しい。凶相

ホクロや傷を観る

顔にあるホクロや傷を観ることで、身に降りかかる災いを知ることができます（次頁参照）。

①思いもよらぬ災難にあう。家を乱す

薄い唇は情にほだされないクールなタイプ

ふっくら唇は愛情が豊か。食べることも大好き

②女性の場合、夫婦関係を悪くする
③親から継いだものを失い、散財しがち
④30代後半より持病を持つ
⑤男の場合、色事で身を誤る
⑥離婚、再婚の相であり、夫婦仲が悪く、うまくいっている場合も妻が病弱。色事には十二分に注意が必要
⑦老後に寂しい思いをする
⑧病気には注意が必要
⑨老後金に困る
⑩金に困ることはない
⑪下唇の場合、女性は40歳を過ぎて淫らになる。男女ともに何かと問題を抱える
⑫何かにはまったり、溺れたりしやすい
⑬ここにあるホクロは何も問題はない

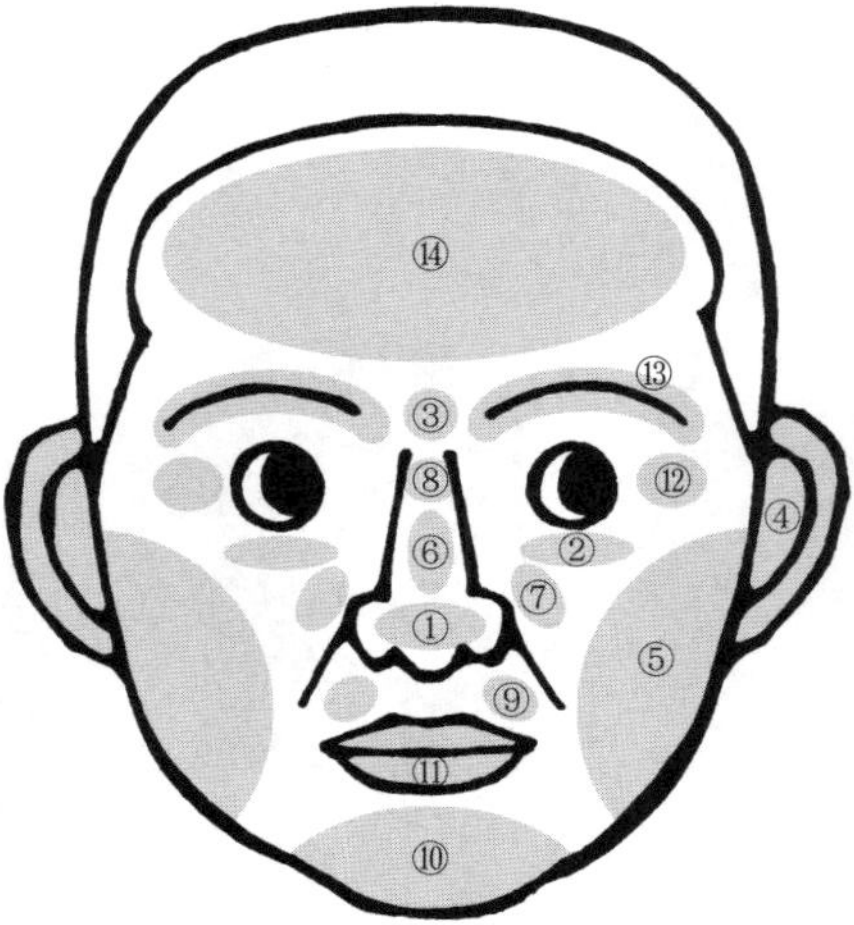

ホクロの位置参照：①～⑭

⑭知的で頭の回転が速い。吉相
※こめかみにホクロや傷があるものは、女性問題で苦労が多く、人の恨みを受けることがある

ここまでご紹介してきたのが、観相の基本的な手法です。この手法を用い、まずはご自分を知ることから始めてみてください。

慣れてくればまわりの人たちの顔もきっと気になってくるはずですから、いろいろと調べつつ、得られた結果を自分なりに集計し、再現性を高めていただければと思います。

観相は、きっとあなたにいろいろな気づきを与えてくれることでしょう。

【コラム】西洋人の目には日本人がなぜ若く見えるのか

外国人、とくに欧米の人たちから見ると、日本人はとても若く見えるようです。私は以前、アメリカの研究機関で何年か働いていたことがありますが、とくに女性はとても

若く見えるようです。化粧の仕方などにもよるのでしょうが、西洋人から見た日本女性は10歳程度若く見えるといいます。

しかしこれは日本の女性に限った話ではなく、アジア人全体にいえることだと私は考えています。人類の発生学的にいうと、アジア人の顔は分化が途中で止まった西洋人の顔に近いのです。そのため、鼻の高さや目のくぼみ、そういった顔のパーツ、構造そのものが西洋人の子どもの顔に近いので、実年齢よりも幼く（＝若く）見えてしまうのです。

また日本人は、「表情が乏しい」ともよくいわれます。でも私は、話す言語によってそう見えるだけだと思っています。

日本語は、ヨーロッパの言葉に比べると抑揚があまりなく、外国人からすると淡々と話しているように見えます。淡々とした言葉ですから、そこに表情を伴うこともあまりありません。それに比べれば、中国語（とくに北京語）や英語、ラテン系の言語は発音や抑揚が激しく、会話中も当然のことながら表情豊かになっていくわけです。

中国の北京のあたりに行くと、街中で話している人たちの会話がまるでケンカをしているかのように聞こえるときがあります。

「なにケンカしているんだろう」としばらく見ていると、実はただおしゃべりをしているだけだったりするのです。北京語は中国語の中でも抑揚が激しく、日本人からすると言葉がきつく聞こえるのでケンカをしているように感じてしまうのでしょう。

ちなみに台湾は福建語で、北京語ほど抑揚が激しくありませんから、台北で会話している人たちの言葉を聞いても、ケンカしているようには聞こえません。

日本人が若く見えるのも、表情が乏しいと思われるのも、民族や文化を背景にした明確な理由があるのです。

第4章

観相と漢方医学の密なる関係

――顔・肌・髪に表れる体質と病気の予兆

漢方医学の基礎は観相にあり

「人を見る」観相における手法は、漢方医学においての「人を診る」ことと同じ方法論と意味合いを持っています。漢方医学と観相、その深い関係性をこの章で紐解《ひもと》いていきましょう。

西洋医学では〝病気〟によって治療法が決まっていきますが、漢方では、患者さんの〝体質〟を見ることから治療を進めていきます。そのため、たとえ同じ病気であっても、体質が違えば異なった治療が施されるのです。

本章では漢方医学との類似性という観点から観相にアプローチし、観相が漢方医学と同様の方法論を用いて人の体質、体調を推測、判断するものであることをご説明していこうと思います。

漢方の治療において、患者さんの〝体質〟を知ることは何よりも重要です。そしてその体質を知る際、〝四診《ししん》〟という観相的な見方がとても大切になってきます。四診とは、東洋医学特有の診察法です。詳しくは後述しますが、患者さんの主訴を聞く問診《もんしん》、見た目の状態や舌を観察する舌診などの望診《ぼうしん》、脈やお腹を触って力の状態を確認する切診《せっしん》、話や声の力加減を聞いたり、においを嗅ぐ聞診《ぶんしん》によって複合的に患者さんの状態を診察するという四つの診療法を指します。

【表１】証の分類

陰証	自律神経のバランスを表す「陰陽の証」。副交感神経（陰）が活発な状態を指す
陽証	交感神経（陽）が優位になっている状態を指し、アドレナリンの分泌も活発
寒証	病気の性質を判断する「寒熱の証」で顔色が青白くなり、悪寒を伴う症状を指す
熱証	顔色が赤く高熱が出て暑がる症状を指し、頭や脇の下を冷やすと心地よく感じる
表証	病気の症状が皮膚や関節、筋肉、頭部、骨などの体表に表れるものを指す
裏証	嘔吐や胃痛、咳など、病気の症状が胃腸、肺といった内胚葉器官に表れるもの

それではここで、漢方における体質とは何なのかを簡単にご説明しましょう。

漢方の基本概念に〝証《しょう》〟と呼ばれるものがあり、これが人間の体質を表します。その人の体力や病状によって証は分けられますが（表1）、大きく分類すると虚証・実証、他に漢方的診断には表のようなものがあります。

この中でも体質を見極める上でもっとも大切とされ、なおかつ漢方に通じていない人でもある程度見分けがつくのが虚証と実証です。この虚証・実証は漢方薬を処方する際にも重要な判断材料となっています。

【虚証タイプ】

・体力がない
・疲れやすい
・食が細い
・感染症に弱い
・徹夜は無理

【実証タイプ】

・体力に自信がある
・元気がある
・無理がきく
・食欲旺盛
・徹夜は平気

【表2】顔の特徴から見る虚証と実証

部位	虚証	実証
輪郭	非対称、歪み（上下、左右）	大きい
色	青白い	赤みがある
肌	乾燥肌で荒れやすい、たるみがち	滑らかでハリがある
日焼け	跡がシミになる	均一に焼けて跡が残らない
髪・眉毛	生え際に産毛が多く薄毛、乾燥がち	毛が太い
眉毛	薄い	濃く、長い
目	目のまわりにむくみや細かいシワ、クマができる	目が充血しやすい、鋭い眼光
頬	たるみ	えくぼ
顎	たるみ、横じわ	太い
耳	充血	色が薄い
鼻	赤み、赤筋	皮脂が浮いている
口	つい開いてしまう	閉まっている
歯	歯並びが悪い	歯並びがよい

虚証と実証、それぞれの大まかな特徴はざっとこんな感じです。そして観相の考え方を用いれば、相手の顔を見ただけで、虚証・実証の区別はある程度つくのです。

顔を見ればその人の体質がわかる

漢方での虚証と実証の判断は、その人の全身や生活パターンなど、すべてを加味した上で下されますが、観相のように顔だけを見ても、虚証と実証のどちらの傾向が強いかということを読み取ることができます。

それをまとめたものが表2です。

いかがでしょうか。このように顔を見るだけで、その人が虚証なのか、実証なのかをある程度判別することができます。ここで、表2の内容を細かく解説していきたいと思います。

まず輪郭を見た場合、虚証は非対称にやや歪んでいる人が多い。また、顎が輪郭に対して小さかったり、ちょっと出たりしているのも虚証の特徴です。

実証の輪郭の特徴は、「顔が大きい」ということが挙げられます。背が小さいのに顔が大きかったりする人は実証の可能性が高いです。

肌で見ると、乾燥肌だったり、肌が荒れていたり、血管が透き通って見えるような人、あるいは局所に汗をかく人は虚証といっていいでしょう。

実証タイプは皮膚が厚いため、皮膚にハリがあり、均一に汗をかきます。日焼けをしたときにシミ、ソバカスが残りやすいなら虚証、すぐ消える人は実証です。

化粧に関しては、実証はノリがよく、多少濃いめの化粧をしても大丈夫ですが、肌が過敏で乾燥がちな虚証は化粧ノリも悪く、かぶれやすいため得意ではありません。肌のトラブルを起こしやすい虚証は、肌自体はきめ細やかでキレイなのですから、あまり化粧をせず、日差しにもなるべく当たらないようにするのが美しい肌を保つ秘訣でしょう。

髪の毛でも実証か虚証かを判断することは可能です。眉毛の生え際に産毛が多く、眉毛自体も薄ければ虚証ですし、髪の毛が薄かったり、すぐにパサついたりするのも虚証の証拠です。逆に髪の毛が太いのは実証で、眉毛も濃くて長いような人は実証と判断できます。

目を見てみますと、目のまわりにむくみや細かいシワ、あるいはクマができやすいのは虚証です。

目が充血しやすい人、眼光の鋭い人、目が輝いているような人は実証といえます。

頬は、虚証はたるんで見えることが多く、実証はえくぼができやすい傾向にあります。

耳は意外かもしれませんが、充血して赤く見えるほうが虚証で、実証は色が薄い傾向が出ています。

鼻も同様に、赤みがあったり、赤筋が見えたりするのは虚証の特徴といえます。実証は虚証ほど赤くはありませんが、脂が浮いてテカテカしているような感じが多く見受けられます。

気がつくと口が開いてしまっている人や、口で呼吸をしないまでも、ちょっと薄開きのような人は虚証です。実証の人の口元はいつもきりっと締まっています。

ここまで挙げてきた虚証、実証の顔の特徴はおおよその基準ですが、顔を見ただけである程度判別がつきます。

漢方医学で観相や人相見の技術を教わることはありません。しかし、虚証と実証を外見で見分け、現在の体質がわかれば、将来的にかかるかもしれない病気などもわかってくるので、観相のような「外見で判断する」ことはとても有効なのです。

漢方医学の未来予測的な観点からすれば、実証はメタボになりやすい傾向にあります。若いうちから徹夜も厭わずバリバリと働き、酒もよく飲むような人は中年くらいからメタボになり、高血圧や糖尿病、さらには心臓病や脳卒中といった生活習慣病に罹患《りかん》する可能性も高くなります。

逆に虚証の人は今はちょっと元気がなくても、自分のペースさえ守って生活を続けていけば、細く長く生きていくことができます。いわゆる大器晩成といわれる人生は虚証がもっとも得意とする生き方なのです。

もちろん、生活パターンを変えれば体質を変えていくことも可能です。実証だった人がそれまでの生活パターンをガラッと変え、食生活は腹八分に、仕事でも無理をしないような生活をすれば、虚証と実証の中間である中庸（虚証でも実証でもない、バランスのとれた健康な状態）に近づくことができます。

また、女性では、虚証だった人が子どもを産んだ後に中庸になったり、やや実証になったりすることも珍しくありません。

観相の未来予測ではありませんが、漢方でも体質を見極めていくことで、その人が将来どういう病気に気をつけるべきか、病気を予防したり長生きするためにどういう生活をしたらよいかがわかってくるのです。

信頼できる医師かは見立てでわかる

実生活の中で観相の力をもっとも発揮できるのは、間違いなく医療の分野でしょう。

医師は初見の患者さんに対して、「いつから」「どこが」「どうなのか」を訊ねる前に、観相に基づいた身体的特質や過去の病歴、現在の症状に至るまでの変化をピタリと言い当てることができるはずです。

適切な治療法を示すことのできる医師ならば、その上で現状をきちんと説明して、ただでさえ不安な気持ちの患者さんを納得させて治療に取り組むことができます。患者さんの信頼を勝ち取るために必要なものは権威でも権力でもなく、ただひとえに「その人の現状」をきちんと説明できるかどうかにかかっています。

過去と現状をきちんと分析し、患者さんの今後を見通した最善・最適な医療を行う医師こそが、信頼できるよいドクターだと私は考えています。

水野南北が注目した漢方の気・血・水

江戸時代後期に活躍した観相家・水野南北は、観相を学んでいくうちに、〝食〟の大切さにも気づきました。彼は、人の運命を左右する要因が食にあると考え、食生活、食事の内容によって、人の運はよくもなり、悪くもなると説いたのです。

運気を上げる、あるいは健康で長生きする。そのためには「食事」にもっとも気を配らなければならない。水野南北の教えは、時代を経てもなお、色褪せることはありません。いや、むしろ〝飽食の時代〟といわれる現代社会にこそ、彼の考え方は必要なのです。彼がすすめた食事については、次章で詳しくご説明します。

さて、運気を上げて人生をよりよいものにしていくには、まず体を内側からキレイにして健康体となることが必要である、と水野南北は考えました。

漢方では〝気・血・水〟の3つの要素によって健康状態が左右されると考えられています。

観相家である水野南北の著書にも〝気・血・水〟がしばしば登場します。彼の著作を読むと、漢方の影響を強く受けていることがわかります。

虚証と実証、さらにそれ以外にも陰と陽、寒と熱、表と裏など体質を表す〝証〟という概念が漢方にあることはこの章の冒頭でご説明した通りですが、それだけで体の内部のことを説明することはできません。

人間の健康を考えたとき、まず内部のメカニズムを理解する必要があります。そこで水野南北は漢方の〝気・血・水〟という3つのエレメントに着目したのです。

漢方における〝気・血・水〟それぞれの意味を簡単にご説明します。

【気】

生命を維持するために必要な基本活力。西洋医学的にいえば、摂食行動と消化吸収機能などを司る自律神経機能全般を意味します。

【血】

血液やホルモン成分など、体内を巡る体液の総称。〝血〟が体内を巡ることで〝気〟と〝水〟の働きを整え、健康状態を保ちます。

【水】

リンパ液やリンパ球などの免疫機能全体を司る。全身に栄養と潤いを与え、生体の防御機能に深く関与しています。

〝気・血・水〟が機能することによって、体内の神経や臓器が正常に働きます。つまり、〝気・血・水〟が乱れれば体内のバランスも崩れ、不健康な状態、あるいは病気になってしまうのです。

〝気〟によって摂食から消化吸収までをカバーし、〝水〟が皮膚や粘膜で体を守る。そして体の内部環境をよくするために〝血〟が機能する。漢方ではこの３つのメカニズムによって生体が維持されていると考えたわけです。

水野南北は観相を突きつめていく中で、漢方の〝気・血・水〟を知り、自分の考え方は間違っていなかったと、深く共鳴したのでしょう。

彼の残した「人の運は食にあり」という言葉は、ここまでご説明してきた通り、漢方と深い関係があり、彼の観相と漢方は切っても切れない関係なのです。

観相から派生した漢方医学の〝四診〟

漢方医学でもっとも観相の影響を受けているのが、前述した〝四診〟と呼ばれる診察方法です。

漢方ではこの四診によって体力や病気に対する反応状態、経過、病気の起こり方を見定め、治療方針を決めます。

簡単に四診についてご説明しましょう。

四診とは望診《ぼうしん》、聞診《ぶんしん》、問診《もんしん》、切診《せっしん》の四つを指し、これらをまとめて〝望聞問切〟といいます。

わかりやすくいえば、四診は五感のうちの味覚を除く、視覚、聴覚、嗅覚、触覚をフルに使った診断法なのです。

望聞問切による診断法、治療法と五感の関係を説明すると以下のようになります。

〈望診〉↓視覚（顔色、舌、肌などを診る）
〈聞診〉↓聴覚・嗅覚（音声、呼吸音、体臭、口臭などを診る）
〈問診〉↓視覚・聴覚（現在の症状や現在抱えている病気、過去に患った病気を知る）
〈切診〉↓触覚（脈診、腹診）

四診により患者さんの状態を把握することを漢方では「証を立てる」といい、それが治療の基本となります。

証を見定め、患者さんの体質を考慮しながら治療をし、漢方薬を処方する。つまりは四診で正しい証を判断することこそが、患者さんの早期治癒に繋がると考えます。

証は、自覚症状や外見、体格、生活環境、食べ物の好み、性別、年齢、性格などさまざまな情報を四診で探って立てていきます。

この手法は観相の「人相だけではなく、その人の全体を見つつ、食事や生活面も含めて判断する」という考え方にとてもよく似ています。

西洋医学では患者さんの表面に現れている病気や症状を緩和し、改善するように治療を進めます。

これを〝標治《ひょうち》〟というのですが、表に現れている症状のみを治しても、症状の原因となっている病気の根本的な治療はされませんので、再発することも少なくありません。

これに対して漢方医学では、表に現れている症状の治療を行うだけでなく、その症状の根本原因をその人の体質とともに考え、治療し、再発しないように体質の改善も行っていきます。漢方ではこれを〝本治《ほんち》〟といいます。

漢方医学では、漢方の病理観に基づき、個人の病態を重要視して直接治療にあたります。その際にもっとも大切とされるのが望聞問切といわれる四診なのです。

この四診の技術は観相との共通点も多く、みなさんがご自身の健康状態や心理状態を知ることができるだけでなく、対人関係において相手の今置かれている状態や今後の展開を知る上でもきっと役に立つはずです。

次項からはその四診それぞれの詳細をご紹介していきますので、ぜひ参考にしていただければと思います。

舌の状態などを見て判断する(四診その1　望診)

望診はその人の状態を目で見て診察する方法です。顔色や表情、姿勢などを見るほか、舌を見る〝舌診〟も行います。これは漢方ならではの診察方法で、舌の状態から病状や体力などが判断できます。

望診とは、現代医学でいうところの〝視診〟にあたります。視診では患者さんの栄養状態、体型、姿勢、筋肉・骨格の状態、歩き方、異常運動など体全体に関するものから、顔貌、顔色、皮膚・粘膜の色調、発汗状態、皮膚の乾燥・湿潤、毛髪・爪の状態、口腔内・舌の状態(舌診)、目や結膜の状態など、現在のあらゆる部位の異変・症状を見ます。

たとえば、毛細血管の拡張、目の下のクマ、暗紫色の皮膚や唇などの徴候があれば瘀血《おけつ》(血液が停滞している状態、またそれによって引き起こされるさまざまな病気)が疑われるなど、診察の重要な情報になります。

舌診の紀元は古代中国にあり、金・元の時代に盛んになった診断法です。

日本においては中国金元医学による診断学の影響を強く受け、15世紀以降、後世方派《ごせいほうは》の医師たちにより舌診が臨床に取り入れられていきました。

しかし江戸初期以降は、それまでの金元医学を否定し、「傷寒論《しょうかんろん》」（伝染性の病気などに関する中国臨床医学の古典）を重んずる古方派《こほうは》が台頭したため、診断法としては後述する脈診と腹診に重きが置かれ、舌診はあまり重視されなくなっていきました。

現在の日本漢方（古方）や鍼灸《しんきゅう》では、舌診のみで証を決定することはせず、舌診はあくまで総合的な証を決めるための補助手段として用いられることが多くなりました。

舌診では、舌の色や形、大きさ、舌苔《ぜったい》の状態、舌の裏の静脈の状態などを診ます。舌にはさまざまな体の状態が表れますので、舌の状態を診ることは証を立てる際の重要な情報源になるのです。

健康な舌は、色は薄いピンク色で、全体に適度の湿り気があり、全体にうっすらと白い苔《こけ》がついていて舌の動きは滑らかです。

逆に不健康な舌は乾燥していたり、色味も赤すぎたり、白すぎたりします。あるいは形が不均等であったり、苔が黒色をしていたり、斑《まだら》だったりします。舌の色や大きさは個人差があるのですが、苔の状態は体調や体質によっても違いますし、とくに病気の急性期には病状の変化により舌の状態もどんどん変化しますので、みなさんも自分の舌を毎日診る習慣をつけ、体調の自己管理に役立てられるといいと思います。

声を聞き、匂いを嗅いで判断する（四診その2　聞診）

「聞」という漢字には、本来「聞く」という意味のほかに「嗅ぐ」という意味も含まれています。

患者さんの声や咳などの音を聞いたり、息や体臭を嗅いだりして聴覚と嗅覚を用いながら診療するのが聞診です。

「音を聞く」ほうの聞診では、まず患者さんの話し声の大きさや話し方に覇気があるか、質問の受け答えがスムーズにできるかどうかなどをチェックします。

そして、患者さんが訴えてくる症状や病状などの内容を注意深く聞き取ります。とにかく少しでも多くの情報を引き出せるよう、聞き上手になることが重要です。

患者さんが咳をしている場合は、その咳の音や喘鳴《ぜんめい》音、呼吸が苦しそうかどうかを聞き取り、それによって気管支や肺のどこが炎症を起こしているのかを推察し、確かめるわけです。

また、お腹がグルグルすると訴える患者さんの場合は、腸の蠕動《ぜんどう》音を聞くことによって腸の調子を調べたり、腹診でお腹を軽く叩いたときに、みぞおちのあたりがチャポチャポと水を揺らしたような音がしないかどうかも聞き取ります（ちなみにチャポチャポと音がする場合は胃下垂が疑われ、胃の吸収力が低下していると考えます）。

「匂いを嗅ぐ」ほうの聞診では、患者さんの息の匂いや体臭を嗅ぎます。これは、胃腸の働きや新陳代謝の状態を判断するひとつの材料となります。

また、尿や便など排泄物の匂いも重要ですが、直接嗅ぐことはできませんので、患者さんに状態を聞きます。

便や尿の匂いが強い人は熱証（汗っかきでほてりが強い）、匂いが弱い人は寒証（顔色が悪く、冷えなどの症状がある）の疑いがあります。

症状や生活習慣から判断する（四診その３　問診）

自覚症状を重要視する漢方では、問診はとても大切な診断方法とされています。

西洋医学の問診では重要ではないと思われるような事柄も、漢方医学では事細かに取り上げ、患者さんの訴えを細部にわたって聞き取り、診断に役立てます。患者さんが自分で主訴の原因ではないかと疑っていることも、それを「素人考えだ」とはねつけるようなことはせず、しっかりと聞き取ります。

問診では、今までどのような病気にかかったかという既往歴や、どのような薬を飲んできたかという薬歴についても聞きます。

患者さんが「それは今の病気の診断に関係があるのかな」と思うようなことも、過去の病歴を知ることで、今置かれている状況、これからの展開が見えてくることがあるのです。また、生活環境や習慣は、病気の原因から治癒のよしあしにまで大きく影響しますので、生活は規則正しいか、睡眠は十分にとれているか、ストレスを抱えていないかなどを必ず聞きます。

中でもとくに食習慣は重要です。食事は規則的に摂っているか、食事内容に偏りはないか、飲酒習慣、喫煙習慣、体を冷やすような食事を好んでいないかなども、治療を進めていく上でとても重要な情報となります。

患者さんは、時に真実をねじ曲げて私たち医師に伝えることがあります。無意識のうちに誇張したり、嘘をついたりすることもありますが、何らかの理由で故意に本当ではないことを言う人もいます。

私たち漢方医には、言っていることが本当なのか、嘘なのか、あるいは誇張しているのか、矮小化《わいしょう》しているのか、そのあたりを見抜く技術も求められているといっていいでしょう。

体に触れて判断する（四診その4　切診）

切診は、実際に患者さんの体に触れて診察する方法で、お腹に触れて筋肉の緊張度を診る腹診と、脈に触れてその状態を診る脈診があります。

時には手足の末端に触れ、その冷え具合を確認することもあります。

漢方医学では、切診はとても重要な診察とされており、ここから患者さんの体質、現在の状況を知る重要な情報を得ることができます。

腹診は、日本の漢方医学特有の診察法です。患者さんは診察台に膝を伸ばして横になり、医師がお腹を直接触ります。

上腹部から下腹部にかけて、お腹を押したり、みぞおちのあたりを軽く叩いてみたりして、その緊張度や力の具合を診ていきます。場合によっては背中を触って診るときもあります。

西洋医学の腹診では、内臓、腹膜、腹水、腫瘤《しゅりゅう》など、主に腹腔内の状態を診るのに対し、漢方医学で行う腹診は、腹壁の緊張度や状態、ならびに圧痛などの所見から、内臓だけでなく心身の状態も判断するところが大きな特徴です。

漢方医学では、腹診によって患者さんの体質を知り、行う治療や与える薬の種類を判断していくのです。

脈診は、人差し指、中指、薬指の3本の指を手首の動脈に軽く載せて、触れたり、押したりしながら、脈の速さや強さ、脈の流れている部分の深さ、脈の流れ方などを診ていきます。

指で触れる部分を、手首に近いほうから、寸《すん》、関《かん》、尺《しゃく》といい、人差し指で寸を、中指で関を、薬指で尺を押さえて脈を診ます。

そうやって脈を診ることで、病気の症状が体のどこに表れるかを把握することも可能です。

しかし、この脈診には多くの学説があり、脈ですべての疾病の診断が可能という説もありますが、本邦の名医たちにはこの説を否定する人も多いようです。

次項では観相の考え方にも繋がる、私の脈診の体験をお話ししたいと思います。

〝木を見て森を見ず〟では未来は見えない

一般的な脈診の方法は前項で述べた通りですが、漢方医学の教科書に書いてある脈診の技術と、本来の脈診の極意との間にはかなりのズレがあると私は考えています。

漢方の教科書には、脈診によって五臓六腑の異常がすべてわかると書かれています。だから、患者さんの脈を一生懸命診ましょう、というわけです。

しかし、脈診の名医と呼ばれる医師たちは、自分の下で修業した弟子たちに決してそういう教え方はしません。

実際には、脈診の名医は脈だけを診ていたわけではないのです。〝木を見て森を見ず〟

という諺《ことわざ》がありますが、脈だけ診るのは木だけ見ているのと同じです。

相手の現状や、これから起こることを予測するには、森を見る必要があり、私は漢方を学んでいた学生時代にそのことを身をもって経験しました。


学生時代、私は脈診の極意を摑《つか》むべく、脈診の大家といわれる先生のところに通いつめ、勉強をしていた時期があります。

当時の私は漢方を学び始めたばかりのころで、漢方に関わることを片っ端から勉強していました。

脈診の先生のところに通い始めたのも、その極意を名医から学びたかったからです。脈診を学び始めて1年が経ったころでしょうか。私のあまりの熱心さに打たれたのか、先生が「普通は5年くらい勉強した者にしか脈診の極意は教えていないが、君にだけ特別にその極意を教えてあげよう」と言ってきたのです。

私は先生に「その極意は何なんですか？」と身を乗り出して聞きました。

すると先生はこう答えたのです。

「丁君、実はね。脈だけ診ても五臓六腑のことはわからないんだよ」

私は衝撃を受けました。それはそうです。内臓の状態を判別するために脈診を学んでいたのに、脈だけでは内臓のことはわからないと先生はおっしゃる。

私は先生に「脈だけではわからないって、それはどういうことなんです？」と聞きました。

先生は、脈診をするときは脈だけにこだわるのではなく、患者さんの全身をよく観察しなさいと私に教えてくれました。

その人の顔つき、目つき、息遣い、体格、皮膚の状態、そういったものをすべてくまなく観察して、結論を出す。それが脈診の極意だと先生は教えてくれたのです。

私が先生から教わったことは、いってみれば〝秘伝〟の類になるでしょう。脈診のみならず、世の中にはさまざまな教本や教科書が存在しますが、活字となり、公になっているものに本当のことはせいぜい7～8割程度しか書いてありません。残りの2～3割は、その道の大家からじかに教わるしかないのです。

私は脈診において、脈を診るという行為は、患者さんを観察するときのひとつのポーズ、あるいはアプローチに過ぎないと考えています。

脈診の名人といわれる人でも、患者さんの体を隠した状態で腕だけを見せ、そこで脈診をさせても診断はできません。患者さんの現状やこれから起こりうることを予測させても、ほとんど当たらないのです。

脈診における極意は、観相にももちろん通じています。局所だけを見るのではなく、大局を見て判断する。それが大切なのです。

話がちょっと逸《そ》れますが、極意を公にせず、〝秘伝〟にしてしまうと、その分野のことはあまり広まらず、廃《すた》れていくことになってしまいます。

江戸時代頃の漢方医学がまさにそのパターンに当てはまり、当時の漢方は衰退の一途をたどっていました。

しかし江戸時代末期に蘭方医学が隆盛してきたことで、漢方医学を専攻していた人々が「このままではいけない」と気づきます。

その結果、江戸末期から明治初期にかけて、それまで直弟子にしか教えてこなかったような秘伝の類のことを〝口訣集《くけつしゅう》〟（学問や技術の奥義を師匠から弟子へと口で伝えていたのを書物にしたもの）として各流派が公開しました。

そのお陰で、漢方医学は日本で廃れることなく、今では多くの人に馴染みのある医学として広まりました。

今こうして、私がみなさんに観相や漢方医学のお話ができるのも、江戸時代末期にそれまでのやり方を改め、秘伝を公にした医師たちの尽力のお陰なのです。

観相の達人といわれる人は、相手の人相（顔）だけで判断を下さず、全身を観た上で未来を予測します。

顔と全身をバランスよく観ていくことは、大局観がないとできないことです。そしてこの大局観を習得するのがなかなか難しい。だからこそ、〝達人〟と呼ばれる人はごくわずかしか存在しないのです。

漢方医学の四診のひとつである望診は、その名の通り、全身を見渡してそこから診断を下していく手法ですが、「全身を診る」ということは、それだけ診断箇所が多くなり、判断するための組み合わせも複雑になります。

そうなると当然、再現性と普遍性が乏しくなりますから、医師は再現性を高めるために局所を診ようとします。

望診のひとつである舌診は、再現性を高めるために生まれた診断方法ということができるでしょう。

占いの枠を超えて進化する観相

ヨーロッパでの観相は細部を見ていく手法に代わり、頭蓋骨の形を見てその人の性格や才能を判断する「骨相学」が生まれました。骨相学とは、脳は精神活動に対応する複数の器官の集合体であるため、その器官・機能の差が頭蓋の大きさや形状に表れると主張した学説です。

判断すべきものを細分化すれば、そこから得られる情報も整理しやすくなります。昔はコンピュータのように情報を集積し、解析するような機器がありませんでしたから、物事をより単純化させて見ていく必要があったのです。

さらにヨーロッパでは顔よりも脳に重きを置いたため、骨相学が発展したとも考えられます。

頭は脳の格納庫ですから、その容器の大きさや形を見れば、中にある〝脳〟もある程度判別がつくと考えたのでしょう。

どんな脳をしているのかがわかれば、その人の才能や運命もある程度判別がつく。そうやって骨相学は発展してきたわけです。

古代ギリシャの時代から人相見が始まり、再現性を高めるために骨相学へと発展していった。ただ、そうはいっても骨相学でも語れない部分は当然出てきます。

そんな中で20世紀前半にドイツの精神医学者エルンスト・クレッチマーが体型分類によって性格は分けられると発表しました。

それを簡単に説明すると、肥満型＝社交的、細長型＝非社交的、闘士型（がっちり体型）＝几帳面といったものなのですが、クレッチマーのこの発見は傾向として当てはまる部分も多々あり（現代の精神医学界では体型〔体格〕と気質の間には有意な相関関係はないとされていますが）、当時は大いに支持されました。

漢方が四診という手法で症候（舌診や脈診）と全身を診る望診に分化したのと同じように、ヨーロッパの観相も分化していったのです。

これからの時代の観相は、漢方のように症候と大局を見るやり方が統合されていくでしょう。

そしてその結果、再現性が高まり、単なる〝占い〟という枠を超え観相や人相見は発展していく。私はそう考えています。

服の色は観相を補足する有効な材料

観相を補足する材料として、「身につけているものの〝色〟」に着目し、そこから答えを導き出すことがあります。

この手法は、現代の色彩心理学に通じるもので、相手の身につけているものの色や柄を観ることによって、その人の過去や未来、性格などをある程度判断することができるのです。

ではここで、相手の着ている服の色の傾向からどんなことが判別できるのか、いくつか例を挙げてみたいと思います。

黒い服装

幼少期から親（とくに父親）との折り合いが悪く、高校や大学を卒業すると、すぐに家を出て独立するようなタイプ。非常に独立心旺盛。タフでストレスには非常に強い。創造性が豊かで、クリエイティブな仕事が向いている。

白系、薄いピンクなどの服装

両親との折り合いがいい。恵まれた環境の下で大事に育てられたタイプ。大人になったときに逆境やストレスに弱い。精神的な病気になりやすく、ややわがままだったり、精神的に幼かったりするので、会社の中などでは周囲に扱いづらい人だという印象を与えがち。

赤系の服装

激しい競争を勝ち抜き、のし上がっていくタイプ。兄弟が多く、その中でもまれ、這い上がって生きてきたため、リーダーシップにも長けている。競争社会の中でたくましく生きていく性質を備え〝勝ちパターン〟を知っている。闘争心が強い。

青やアイボリー、グレー系の服装

青やアイボリー、グレー系は中間的、中庸的な意味合いがあり、いってみれば「可もなく、不可もない」人生を歩んできたタイプ。精神的なバランスのとれた状態にある。

茶色やモスグリーンの服装

子どものころに毎日両親の夫婦ゲンカが絶えなかったり、経済的に困窮した中で育ってきたような、家庭が荒れていた人は、安定を示す茶色やモスグリーン系の色を選ぶ傾向が強い。まわりから見ると、何となく放っておけないタイプ。

服装の色から得られる性格などを例としていくつか挙げましたが、茶色やモスグリーン系統を好む人よりもさらにつらい過去を持っている人（両親の離婚や死別など、トラウマともいえるような大きな傷を心に負っている人）は、〝紫〟を好む傾向があります。

私の臨床経験からいうと、紫の衣服をまとい、そこに黄色のアクセサリーや小物を身につけている人はまず間違いなく、幼少期に大変つらい思いをし、大きなトラウマを抱えています。

私の漢方外来に初診で訪れる人は、それなりに身も心も構えた状態でやってきます。俗にいう〝勝負服〟を身につけてくるわけです。

そのときに紫の服装をしていたり、あるいは紫のバッグを持っていたりして、ブローチが黄色、などという場合は、十中八九、心に大きな傷を負っている人だと判断してまず間違いありません。

このようなつらい過去を持った人たちの中には、大人になって間違った方向へ進んでしまう人もいますし、逆にそのトラウマを克服しようと社会の中で努力を続け、ある程度の地位まで上りつめる人もいます。

後者のようなタイプは、人から後ろ指を差されるようなことのないよう、与えられた仕事はしっかりとこなしますし、子育ても一生懸命します。

紫を好む人は、「いいか、悪いか」の中間にあるような人は意外に少なく、生き様がどちらかに偏ってしまう人が多いようです。

「紫と黄色」の組み合わせは、とても人目を引きます。展覧会で入選するような絵画には、得てして紫と黄色の配色を交えたものが多かったりもします。逆にいえば、紫や黄色を配していない絵では入選できない。それくらい、紫と黄色はまわりから注目を集める組み合わせといえます。

服装の色で運命を変える

前項で述べたように、服装の色によってその人の心模様やそれまでの生き様はある程度判別できます。

また、色に心模様が表れるということは、自分好みの色でなくても、あえて違った色の服を身につけることによって、その色の持つ傾向に近づくことができるといえます。つまり、自分の好きな色でなくても、意識的に違った色を身につけることにより、運命を変えていくことができるのです。

たとえば、それまで白系を身につけていた人があえて紫の色の服やアクセサリーを身につけてみる。黄色いハンドバッグを持ってみる。すると自然と目を引くような存在となり、周囲の人たちの対応も徐々に変わっていくはずです。

落ち着きのない人が落ち着きのある人に見られたい場合は、茶色やモスグリーンの色合いの服装を選ぶとよいでしょう。

しかし、根暗な人が明るい人に見られたい場合は、明るい色合いの服を身につければいいかといえば、ことはそれほど単純ではありません。

明るさを演出するために肝心なのは、色合いのコンビネーションです。紫と黄色、白と茶色、黄色とモスグリーンなど、配色のバリエーションを増やすことで、人が醸し出すある種の〝明るさ〟という雰囲気は形作られていきます。

女性の場合、好みの色が服装によく表れるので、いろいろなことをそこから判別することができますが、男性で社会人の場合はスーツを着ている人も多く、女性ほど服装の色合いから性格や生き様を判断するのは、やさしくないかもしれません。

そんなとき、いい判断材料となるのが〝車〟です。男性の色の好みは嗜好品に表れやすく、その最たる存在が車なのです。「車は絶対に赤」というようなタイプは、先述したように闘争心のとても強いタイプといえるでしょう。

心は表に出てきませんが、服装やアクセサリーなど身につけるものの色には、その人の深層心理がかなり高い確率で表れてくるものです。

初対面のときこそ、相手に与える印象は大きく、そしてとても重要です。仕事の営業、面接、あるいは婚活など、初対面の印象がものを言うシーンで、色をうまく活用してみてはいかがでしょうか。

【コラム】タヌキ顔とキツネ顔、結婚の相性は？

観相の観点から相性というものを考えてみましょう。

昔からよく、女性の顔を取り上げるときに「タヌキ顔」「キツネ顔」という表現が用いられます。

タヌキ顔はどちらかというと、縄文人の流れを汲んだ縄文顔、キツネ顔は弥生人の流れを汲んだ弥生顔といえます。

タヌキ顔には情が深い人が多いともいわれ、その象徴が縄文人の流れを汲むとされるアイヌの女性たちでしょう。アイヌの女性たちは彫りが深く、真ん丸顔です。

この「タヌキ顔は情が深い」という話を、漢方医である私の立場からいわせてもらうと、タヌキ顔の女性はいわゆる〝あげまん〟タイプの女性ということになります。

漢方ではそれぞれの体質を表す証という概念があり、その中のひとつに〝陰と陽〟があります。

陰陽は、交感神経と副交感神経からなる自律神経の切り替わるバイオリズムを表しています。

昼は食事や運動するための交感神経（陽）が活発に、夜はエネルギーを蓄えて疲れを癒すための副交感神経（陰）が活発になります。この陰と陽の切り替えがスムーズに行われているときは健康な状態です。

陽が強すぎて、夜なかなか寝つけない人、夜遊びばかりしている人は陽証、反対に陰が強すぎて日中に気力が湧かない人は陰証であるといえます。もっと簡単にいえば、陽証は活動的でじっとしていられないタイプ、陰証はゆったり、のんびりしているタイプということができるでしょう。

先述したあげまんタイプの女性は、陰と陽でいえば、副交感神経が優位にある陰の強い人であり、リラックスしたムードで人に接するため深い癒しをもたらします。私はこういったあげまんタイプの女性のことを〝陰力女〟と呼んでいます。

タヌキ顔の女性は、私から見ると陰力女の傾向が強く、一方のキツネ顔のほうは陽力が強く、キャリアウーマン的な生き方をする女性が多いように感じます。

陰陽の観点から見た男女の相性はどうでしょうか。たとえば夫婦関係においては何よりもバランスが肝心です。ですから理想的な男女の組み合わせは、女性が陰証なら男性は陽証、女性が陽証なら男性は陰証となります。

徹夜も厭わずバリバリ働く陽証の男性にとって、タヌキ顔の陰力女は不在にしがちな我が家を守り支えてくれる最高のサポーターとなってくれるでしょうし、キャリアウーマンとして会社で活躍する女性なら、「俺が、俺が」と出しゃばったりせずにいつも穏やかで落ち着きのある陰力男を選ぶと、深い癒しと安らぎが得られるはずです。

観相に漢方を混ぜた観点から、タヌキ顔とキツネ顔に関しての考察を述べましたが、自分のまわりにいる人たちをタヌキ顔とキツネ顔に分けて比べてみても面白いのではないでしょうか。

第5章

顔を変える食事と生き方

——心身の状態を整え、寿命を延ばす腸活食材

人の運は食にあり

日本観相の祖・水野南北は、麦と大豆だけの質素な食生活を1年間続け、自らの人相を、さらには運命すらも変えてしまいました。そのことから〝人と食〟に密接な関わりがあることに気づき「人の運は食にあり」と唱えたのです。この考え方は当時の人々に広く受け入れられました。

では彼のすすめた〝食〟とはどういうものなのでしょうか。それを端的に表す彼の言葉をご紹介しましょう。

「食を節することは、天地に陰徳を積むのと同等であり、それによって天禄が書き換えられ、相まで変わる」

要するに彼は節食こそが運気を上げる秘訣であり、食べ物が偏っていたり、暴飲暴食したり、生活が乱れたりしている人は運気を下げているだけだと説いたのです。

水野南北は「我、衆人のために食を節す」と、生涯にわたって粗食を貫きました。主食は麦飯で副食は一汁一菜。米はまったく口にせず、若いころに浴びるほど飲んだ酒も〝一日一合〟と決め、それ以上は決して飲まなかったといいます。

そういった粗食を続けた結果、平均寿命が40〜50歳だった当時に水野南北は70歳を超えてもなお、健康を保っていたといわれています。

具体的に水野南北の説いた〝幸運を招く食事法〟をいくつか挙げてみましょう。

・食事の量が少ない者は人相が不吉な相であっても運勢は吉
・食事が適量を超えている者は人相が吉相でも物事が調いにくく、生涯心労が絶えず、晩年は凶
・常に身の程以上の美食をしている者は人相が吉であっても運勢は凶
・自分の生活水準より低い程度の粗食をしている者は人相が貧相であってもいずれは財を成して長寿を得る
・食事時間が不規則な者は吉相でも運勢は凶

「人の運は食にあり」と説いた水野南北の考え方は、日本的な儒学がちょうど勃興してきた当時の時流にもとても合っていました。

儒学者の太宰春台《だざいしゅんだい》（1680〜1747）は、身なりや立ち振る舞い、日ごろの生活を

整えれば心も正されると唱えたのですが、これはいってみれば〝外から内を変える〟ものであり、南北の〝内から外を変える〟考え方とは正反対です。

しかし両者の考え方を紐解いていくと「内と外は別々ではなく、同じもの」だと気づくことができます。

どちらか一方を正すことでもう一方も正される。水野南北の説いた観相学は儒教の広まりといい形で相互作用しながら、世に広まっていったのです。

水野南北が〝人と食〟の関係について説いていたのとほぼ同時期、〝摂養〟（節制と養生、保養を合わせた概念）という言葉で日本人に摂生（節制）を説いた人物がいます。それは平野重誠という当時のエリート医師でした。

彼は『病家須知《びょうかすち》』という書物を記し、その中で医療や看護から養生、摂養まで幅広い持論を展開しています。病家須知とは「病人のいる家では知っておくべきこと」という意味です。

この『病家須知』はそれより前にベストセラーとなった貝原益軒（1630〜1714。本草学者、儒学者）の『養生訓』が土台となっていることは明らかであり、『養生訓』が総論集だとすれば、平野重誠の残した『病家須知』はそれを細かく嚙み砕いた各論集だといえます。

『病家須知』には医療の基礎的な事柄から、日々の養生の心得、食生活の在り方まで多彩なテーマが取り上げられており、庶民向けに口語体で著されていたことから、『養生訓《ようじょうくん》』同様にベストセラーになりました。

貝原益軒は『養生訓』の中で、腹八分目で暴飲暴食をしない、早寝早起きを心がけるなど、食養生の大切さを説いています。

平野重誠の『病家須知』でも、「一に看病、二に飲食、三に薬治」の諺を挙げ、病気になったときは看病の次に食生活が重要であると教えています。

両者の〝人と食〟に関する考え方はとてもよく似ており、さらに観相家・水野南北の主張とも重なる部分が多々あります。

節度のある食事と生活によって運は上向き、人生が好転していく。この考え方は当時の日本のスタンダードでもあったのです。

人相をよくする〝食〟はマクロビオティックに通じていた

水野南北は「人の運は食にあり」と考え、節度ある食事を摂ることによって健康になるだけではなく、人相がよくなり、運勢もよくなると説きました。

さらに南北は、食事に気を遣うだけでなく、「徳を積む」ことの重要性も説いています。封建社会だった当時の〝徳〟とは、主君にしっかりと仕えることや神社仏閣にお参りすることを意味しており、そういった徳を積み重ねていくことで必ず相に表れてくると南北は強調しました。

生まれ持った運命が顔に表れると考える中国の観相と比べると、南北の観相はそれとはかなり異なった考えに基づいています。「自分の人相は自分で責任を持つ」「人相は内側から変えることができる」という思想が日本の観相の礎にはあるのです。

食と徳。南北の考え方の〝食〟の部分をさらに追究していったのが、江戸末期から明治初期にかけて活躍した医師、石塚左玄《さげん》です。彼は玄米食、食養の祖といわれ、その普及に尽力し、食育の重要さを説きました。

先ごろ世界無形文化遺産に指定された和食ですが、世界では和食ブームが到来していま す。和食は健康にいいということで、今や世界各国に広まっていますが、左玄は今から約150年前にすでにそのことに気づき、「日本の伝統食をただの食事で終わらせてはいけない」「この優れた食事を科学的に解明し、広めなければいけない」と日本食を追究、啓蒙する活動を始めました。

左玄は医師（西洋医学）であると同時に漢方医であり、また薬剤師でもありました。とても有能な人物だったようで、言い換えれば〝統合医療医〟（西洋医学や東洋医学等の医学を統合して治療を行う）のような存在でした。彼は日本食の研究を突きつめていく中で得た知見をもとに『化学的食養長寿論』という大著を発表しました。

左玄はこの本の中で、食物は漢方でいうところの陰と陽に分類すると述べました。陰性はカリウムであり、野菜や果物などの植物性食品が当てはまり、陽性はナトリウムで塩や肉、魚類などの動物性たんぱく質が当てはまります。ナトリウムとカリウムをいかにバランスよく摂るかが大切だと記しています。

今でこそ、ナトリウムとカリウムのバランスの大切さは当たり前のこととなっていますが、科学的な考え方がまだあまり普及していない時代を考えれば、左玄の新説は画期的だったといえます。

近年、自然と調和しながら健康な暮らしを目指す長寿法〝マクロビオティック〟が注目されていますが、左玄が主張した考え方はそのもととなっているといってもいいでしょう。左玄は『化学的食養長寿論』の中で、「食本主義《しょくほん》」「身土不二《しんどふに》」「一物全体食《いちぶつぜんたいしょく》」などを唱え、その考え方は日本食を見つめ直す契機となりました。

「食本主義」とは、心身の病の原因は食にあるという考え方です。左玄は書物の中で「食は本なり、体は末なり、心はまたその末なり」と述べています。

「身土不二」と「一物全体食」は今でも何かと取り上げられることの多い考え方なのでご存じの方も多いと思います。「身土不二」は、その土地でできたものを、その季節に食べるのが一番体にいいことを意味しています。

「一物全体食」は、大根なら大根を葉っぱまで食べる、魚も頭から尾まで全部を丸ごと食べる、そういう食べ方が一番よいという考え方です。つまり、魚であれば、頭から尾まで食べられる魚（イワシやサンマなど）がよいのであって、マグロのように可食部分が限られるような魚はあまり好ましくないということも意味しているのです。

この左玄に師事し、その考え方をまとめ、それをさらに海外にまで広めたのがジョージ・オーサワこと桜沢如一《さくらざわゆきかず》です。

如一はマクロビオティックの提唱者として知られている存在ですが、石塚左玄の考え方が彼の広めたマクロビオティックのもととなったわけです。

左玄は正しい食事を提案する「大日本食養会」という会を主宰しており、如一はその会員でした。大日本食養会とは、石塚左玄が自身の提唱する玄米採食を基本とする食養の普及・実践のために、陸軍退役後の1907年（明治40）に組織した団体です。後にその会の会長となった如一は左玄の死後、大日本食養会の考え方を広めようと思い立ちます。

有能なビジネスマンでもあった如一は、「これを世界に広めれば儲かる」とも考えたのかもしれません。

その後、如一はまずヨーロッパへ渡り、名前もジョージ・オーサワと改めて、日本でいうところの正しい食事、〝正食〟（石塚左玄が理論化した食養を「正食」と名づけた）を〝マクロビオティック〟と言い換え、普及活動に励みました。

如一の活動の甲斐あって、今では〝マクロビ〟は全世界に広まっています。そしてこれは世にあまり知られていないことですが、ここまでご説明してきたように、マクロビの潮流を生み出したのは水野南北や貝原益軒、平野重誠、さらに石塚左玄といった先駆者たちの〝食〟に関する考え方だったのです。

ただ、現代のマクロビオティックはかなり偏った食事法になってしまったため、それが万人に通じるのかといえば決してそんなことはありません。これは多くの人に知っておいてもらいたい点でもあります。

少なくとも何らかの理由で内臓系の働きを弱めている方には、完全なるマクロビオティックの食事法はおすすめできないと私は考えています。

マクロビオティックで推奨される野菜や根菜類、玄米などは、その消化に多くのエネルギーを要するため胃腸への負担が大きく、内臓を傷めている方にとっては体内に必要な栄養素を十分摂り込むことができないこともあるのです。

そう考えると、水野南北が晩年に続けた粗食に倣い、バランスよく、何事もほどほどにしておくのが最善の食事法であり、養生法なのだと思います。

人は内側から人生を変えられる

「人は内側から生き方を変えることができる」。漢方医としての臨床経験からいっても、このことは断言できます。

私は今まで行ってきた多くの臨床を通じ、それを身をもって体験してきました。

漢方の治療によって内面が改善されたことで、人相が劇的に変わった患者さんはたくさんいます。

病が改善されれば、顔色も表情も明るくなり、それによって生き方も変わります。リウマチで苦痛に歪んだ顔をしていた人が、病を克服したことにより外出の機会も増え、とても朗らかな顔になっていきました。

うつなどの心の病となった人は、どうしても塞ぎ込みがちになり、顔や体の手入れも滞り、場合によっては廃人のようになってしまうこともあります。

しかし病が改善し、身の回りのことにしっかりと対応できるようになれば、患者さんたちの外見は別人と見紛うほどに変わります。

私の臨床経験からいえば、心身の健康状態が人相に影響することは疑う余地のないところです。

考え方がポジティブになれば、表情も明るくなり、行動範囲も広がっていきます。そうなれば当然のことながら人間関係も豊かになっていくでしょう。ひとりでできないことも、助けてくれる人がふたり、３人と増えれば、いろいろなことができるようになります。そんな良好な人間関係を構築することで、人生はいくらでも好転していくのです。

腸を元気にすると人相がよくなる

腸と脳は密接に関係しています。

漢方医としての今までの臨床経験からいうと、「やる気が出ない」「集中力がない」と訴える人のほとんどは、腸の具合が悪いために精神に悪影響を及ぼしています。

最近はとくに、「腸が弱くなっているな」と感じる患者さんがとても多いのです。「腸が弱くなっている」とは腸内での細菌のバランスが崩れ、日和見菌が悪玉化したことによって、悪玉菌の割合が増えてしまった状態です。

腸が弱ると腸壁が薄くなっていきます。腸は筋肉でできていますから、腸の活動が低下するということは、その筋肉が落ちて働きが弱くなっていくことと同義なのです。

かつてはお年寄りにそのような傾向が多く見られましたが、今では若い世代にも結構腸壁の薄くなってしまっている人が見受けられます。

お相撲さんのような立派な体格をしているのに、腸がものすごく弱っているという、昔では考えられないような体質の人が若い人で急速に増えています。

若いのに腸が弱くなっている人に共通しているのが、清涼飲料水を愛飲していることです。腸壁が薄くなっている人の多くは、炭酸飲料やスポーツドリンクを日常的によく飲んでいるのです。

体から失われた水分とミネラル分をスピーディに補給できるスポーツドリンクにはメリットも多いのですが、これらの清涼飲料水には糖分やアミノ酸も大量に添加されています。本来ならば、炭水化物を分解して得る糖分や、肉や豆類からたんぱく質を分解して得るアミノ酸が、消化（分解）の過程を中抜きして、しかも吸収されやすい状態で体内に供給できてしまうのです。筋肉を働かせなくても必要な栄養分を得られるようになった腸は動かなくなり、急速にその機能が弱まっていきます。

吸収するだけでよくなった腸にとって筋肉は必要がなくなり、粘膜だけあれば十分というわけです。そんな悪循環の果てに、腸壁は薄くなり、ペラペラの状態になってしまうのです。

清涼飲料水を摂りすぎれば、乳酸菌や酵母菌といった善玉菌が補われず、糖分が過剰に摂取されるため腸内で悪玉菌が増えていきます。

腸内細菌のバランスは崩れ、腸の状態が悪化し、腸も薄くなる。このような状態になると、固形物を消化する力が弱まり、余計に甘いものが欲しくなっていくという悪循環に陥ります。

そういった人たちは脳の働きも衰えていますから、心身ともに衰弱していきます。顔からは血の気が失せ、肌もカサカサ。顔の表情もパッとしない。そんな状況にあるときこそ、腸を正常な状態へと戻す必要があるのです。

人生をハッピーにする3点セット

自分の人相や顔色を見て気になる点があれば、まず腸の状態が健康であるかどうか疑ってみることです。少しでも通常と違っていれば、腸を正常な状態に戻していきましょう。そのためにはまず、繊維質の食物を意識的に摂っていくことが重要です。

繊維質のものを摂取し負荷をかけることによって、腸の動きは徐々によくなっていきます。繊維質の食べ物は野菜や根菜類なら何でもいいと思います。ただし、生の状態で食べると消化に負担がかかりますから、温野菜にしたり、漬物やキムチのように発酵させた状態で摂るのがベストです。

腸は先述したように筋肉でできていますから、運動負荷をかけて、薄くなった筋肉を元の状態に戻していくわけです。

暑さやストレス等で腸の働きが弱っているときには、スパイシーな食材で腸を刺激するのも効果的です。スパイシーな料理というとカレーが思い浮かびますが、辛さは腸にとって刺激物でもありますから、あまり辛すぎると弱った胃腸は過敏に反応してしまい逆効果にもなりかねません。

とくに唐辛子のような食材は、辛さの刺激がダイレクトに伝わるだけなので、キムチのように一旦発酵させマイルドになった食材のほうが腸も吸収しやすくおすすめです。カレーでなくとも、ちょっとスパイシーなものでいいのです。わさびでもいいし、ミョウガでもショウガでもいいでしょう。

そうしたスパイシーな食材や、食物繊維が豊富な野菜等で腸の筋肉を刺激することで、筋肉の働きを高めていく。弱った腸を徐々に動かし、リハビリとして段階的に腸の働きを高めていくことが大切なのです。

繊維質の豊富なもの、スパイシーなもの、さらに発酵食品などを摂り、善玉の腸内細菌を増やしていく。この3つをバランスよく、食生活の中に取り込んでいけば、腸の状態が改善され、元気も出てくるし、表情も豊かになってきます。

余談になりますが、善玉菌である乳酸菌はヨーグルトに含まれていることでお馴染みです。この乳酸菌には実はさまざまな種類があり、一人ひとり、体に合う乳酸菌も違ってきます。

つまり、自分の体に合わない乳酸菌をいくら摂ったとしても、腸にいい効果はあまり期待できないということです。

では、どのようにして自分に合う乳酸菌を見つければいいのでしょうか?

おすすめの方法は〝複数のヨーグルトを混ぜて摂る〟ことです。複数のヨーグルトを混ぜることで複数の乳酸菌が一度に摂取できますから、一種類だけを食べるよりかなり効果的です。

私も複数のヨーグルトを混ぜた〝マイヨーグルト〟をよく作ります。スーパーなどで20種ほどヨーグルトを買ってきて、それをひとさじずつ、1リットルの豆乳に入れてよくかき混ぜます。

作り方はこれだけです。混ぜ合わせた豆乳ヨーグルトを40度くらいの温度の場所に3時間程度置いておけば、〝マイヨーグルト〟のできあがりです。

最近では簡単に自家製ヨーグルトが作れる「ヨーグルトメーカー」も市販されていますから、そういった機器を使うのもいいかもしれません。

便秘がちだとニキビが増えるとか、お腹を下すと肌がカサカサになったり、ストレスや食べすぎで腸が荒れれば肌トラブルが増えたりすることを感覚的に知っている人はたくさんいます。

でも、自分の腸が弱っていることや、また、腸と脳が密接に繋がって心身に多大な影響を及ぼしていることを自覚している人はとても少ないのが現状です。

ここまでご説明してきたように、腸の調子がよくなれば、肌状態や体調が改善して脳も活発になり、人相も必然的によくなっていきます。

〝腸脳相関〟を忘れず、暴飲暴食や清涼飲料水の摂りすぎは慎み、バランスのよい食事で腸の機能を維持しよい人相へとつくり替えていきましょう。

現代医学に必要な観相の考え

人間は迷いや悩み、苦しみを抱えたとき、その解決方法のひとつとして〝占い〟を昔から利用してきました。

性格や能力といった目には見えない部分を判断してもらい、さらにその延長線上にある未来までも知ろうとしたことから生まれたのが占いであるといっていいでしょう。『源氏物語』の桐壺帝（主人公・光源氏の父）にしても、自分の落胤を後継者にすべきか悩み、その解決策を得ようと観相家に光源氏の未来を予測してもらいました。

自分で決心せず、他人に決断を委ねてしまう。現実逃避ともいえる状況なのですが、これは昔に限った話ではなく、現代社会でも経営者や権力者たちの中には、決断すべきときに自ら判断を下せない人はたくさんいます。

そういった人間の弱さをフォローする上で、昔から脈々と続いてきたものが占いであり、観相学もそのひとつとして日本で発展を遂げてきました。

現代の観相は『源氏物語』の時代と同様に「右へ行くべきか、左へ行くべきか」というその人の進むべき道、将来を示してあげることが重要なポイントとなっています。

私が専門としている漢方は占いではなく医学ですが、患者さんの顔や全身を診て治療方針を決めていきますので、やっていることは観相ととてもよく似ています。古代中国では医療と観相がとても密接な繋がりを持っていたのもうなずけます。

患者さんたちは病気や痛みなど、身体的、精神的な苦痛を何かしら抱え、その苦痛から解放されたい、少しでも和らげたいと必死の思いで来られています。

そのときに「あなたにはこの漢方薬が合うから、この薬だけ飲んでいてください」という対応をしていたら、私は漢方医という職を長年続けてくることはできなかったでしょう。患者さんと向き合い、つらい症状や気持ちを受け止め、現状をしっかり分析することで生活スタイルの問題点や病歴などを突き止めます。

その上で患者さんの体質や過去、現状を説明し、改善、治癒を目指していくために必要なことを示します。今後何が必要か、何が大切かを説く。そうやって患者さん一人ひとりに対峙し、二人三脚で治療に取り組んでいくことで信頼を得、よい関係を築くことができるのです。

占いにしろ、医学にしろ、共通しているのは「データを蓄積すればするほど分析の精度が上がる」という点です。

医師は臨床数が多ければ多いほど、データと経験が蓄積され、患者さんに最適の治療法、治療薬を提示することができます。

ただ、漢方に代表される東洋医学と、一般の病院で行われている西洋医学では患者さんに指針を示す上で大きな違いがあります。

医学の世界では「西洋医学は病気を治し、漢方は病人を治す」とよくいわれます。実はこの言葉に西洋医学と漢方の違いが端的に表されており、漢方と観相の相似点もここにあると私は思っています。

診たり、触れたりしただけで自分の過去の病歴や体質、現状を言い当てられると大抵の患者さんはビックリしますが、漢方の見立てが正確だからこそ信頼してくれます。

しかし西洋医学の世界で、診たり触れたりしただけでその人の置かれている現状をきちんと説明できる人はまれです。

西洋医学では大抵の場合、〝検査〟をしてからすべてが提示されます。CT、MRI、血液検査など検査をしなければ何もわからない。

血液の検査をしてγ《ガンマ》－GTP値が高ければ素人でも「肝臓が悪い」とわかります。そのような検査結果だけに頼っている医師は真の意味で医師とは呼べません。設備の整った大病院で〝名医〟であっても、検査機器のない診療所では〝やぶ医者〟になってしまうようではダメなのです。

本当に医師に求められているのは、病気になる前にその人の状態を正しく判断し、的確な指導や処方を行い健康体に戻すことです。

漢方には「上工は未病を治す」という言葉があります。これは「優れた医師は患者さんの体質を知り、起こりうる病態を予測し、その予測に基づいて次の手を打ち病気を未然に防ぐ」ことを意味しています。

優れた観相家がそうであるように、我々医師も患者さんたちの人生をよりよきものに導いていくようにしなければなりません。

そう考えると、現代の医学にこそ観相学のような考え方が必要なのかもしれません。

【コラム】紳士の必需品「帽子」の効用

服装だけでもだいぶ顔の印象は変わります。とりわけ帽子は、その人の人柄や背景を感じさせる小道具として、他人の目に映る印象に大きな影響を与えます。

最近の傾向を見ていると、若い男女は季節に関係なくカジュアルな帽子をファッションとして楽しんでいますが、紳士的な嗜《たしな》みとして帽子を被る習慣は、欧米に比べればまだまだ定着していないようです。

出張などで海外のアカデミックな会議に参加すると、男性はほぼ帽子を被っていますし、とくにフォーマルなシーンで帽子は必需品となっています。

リンカーン大統領でお馴染みのシルクハットは、もともとはフォーマルな場においての紳士の身だしなみでした。時代の変遷を経て形や硬さのバリエーションが増え、現在ではシルクハットの代替ともされる中折れ帽のホンブルグや普段使い用のソフトハット（パナマ帽やボルサリーノが有名）等が紳士の愛用品となっています。

私もよく帽子を被りますが、帽子を愛用するのは寂しい頭髪をカバーすることが目的なのではありません。

それは、アメリカでのこんな体験がもととなっているのです。

アメリカの研究所に勤めていたころに、たまに奮発してニューヨークの高級レストランに行くことがありました。

しかし、どんなにフォーマルな格好をして行っても、なかなかいい席には案内してもらえないのです。案内されるのはいつも厨房の扉の近くやトイレのそばなどの悪い席ばかり。いくら通っても、レストランの中央にあるシャンデリア周辺の上等な席には案内してもらえませんでした。

「どうやったらいい席に案内してもらえるのだろうか？」

最初は、人種差別をされているのかと思ったのですが、白人系でもいい席に案内される人もいれば悪い席に通される人もいます。身なりもそう違わないのに、なぜなのだろう？　私は中央の特等席に案内される客とそうでない客を観察することにしました。

食事をしながらレストランに入ってくる客の行方を観察する日々が続いたある日、私は〝そのこと〟にやっと気づきました。いい席に案内される客はみな、帽子を被っていたのです。それもボルサリーノやノックスといった高級ブランドの帽子を。

どんなにみすぼらしい外套《がいとう》を着ていても、高級な帽子を被って店に入ってくる客は厨房やトイレのそばではなく、中央やその周辺のいい席に案内されるのです。

入店時にクロークでウェイターが上着などを預かる際に帽子をぱっと裏返すのですが、そこに高級ブランドのタグがあればいい席へ、そうではない安物の帽子や、あるいは帽子すら被っていない客であれば末席へと案内されるのではないのか？　真偽を確かめるべく、私は観察結果から導き出した推理を研究室の仲間であるアメリカ人にぶつけてみました。すると彼は「そうだよ。ウェイターは十分な給与を店からもらっていないから、チップで稼ぐのさ」と言うではありませんか。

アメリカのレストランで働くウェイターは、店から最低限の給与しかもらっていないことが多いため、客からもらえるチップが彼らの主たる収入となるのです。そう考えれば合点がいきます。もらえるチップの額に生活が懸かっているとなれば、彼らが客を選別するのは当然ですし、チップを弾んでくれそうな客をいい席に案内するでしょう。

高級ブランドのいい帽子を被っている客はチップをたんと弾んでくれます。しかし、どんなにいいコートを着ていても、安物の帽子を被って来店した客はチップを弾まない。そういう客は眺めのよくない端の席で十分であって、眺めも雰囲気もよい特等席は気前よくチップをくれそうな客が来るまでキープしておく。それがそのレストランでは暗黙のルールとなっていたのです。

彼らが見分けているのは、人種でも服装でもなく、高級ブランドの帽子を被った客、なのです。つまり、彼らは実入りのいい客の判断基準を〝帽子〟に置いていたわけです。おそらくこれは長い歴史の中で培われてきたひとつの人相見のようなものなのでしょう。

帽子の効力に気づいた私は、それ以降レストランに行く際には必ず帽子を被っていくようにしました。もちろん、世間では〝高級〟とされる帽子をです。

するとどうでしょう。この私もついにシャンデリアが煌《きらめ》く中央のいい席に案内されることができました。私はいい席に案内されたからではなく、自分の推察と分析によってアメリカ文化のひとつを理解できたことをうれしく思いました。

その日私が、チップをいつもより弾んだことはいうまでもありません。帽子には人相を変えるだけでなく、このような効果もあるのです。

おわりに

コンピュータの発達、パソコンの普及などにより、人の〝顔〟は個人認証の対象となりつつあります。

セキュリティシステムの強化で生体認証は目覚ましい進歩を遂げており、目の虹彩《こうさい》によって個人を識別する〝虹彩認証〟などはその最たるものといえます。

生体認証の基本は、バーコードなどと同じく、パターン認識から成り立っています。生体認証では、人間の顔もバーコードなどと同じように考え、それを分析することで個人を識別しているわけです。

私は、AIのようなテクノロジーがさらに発達すれば、今はまだ人の経験則に基づいて行われている観相を、科学的に解析して誰でも簡単にできる時代が来ると思っています。

そう遠くない将来、AIによって人相見のできる時代が訪れたとき、伝統的なアナログな観相も、科学的な観相も、それほど差がない、というより両者は意外に近いことが判明するはずです。

輪郭、目の形、鼻の形など、観相から導き出される答えは、どれも決まっています。アナログな観相では、そういった情報をたくさんインプットできている人が「優れた観相家・人相見」となりますから、ＡＩによる観相の普及は、いわば「優れた観相家」をたくさん生み出す契機となるはずです。


現在の観相では、顔それぞれの部位の形によって性格判断や未来予測を行いますが、科学的な観相が発達すれば、膨大な量の情報をインプットすることができますから、ゆくゆくは顔の表情や体の動き、服装などから、さまざまな予測ができるようになるかもしれません。

そうなれば、やがて人の全身からすべてを予測するようなアルゴリズムが生み出され、その手法は観相のみならず、社会のいろいろな分野で活用されるようになるでしょう。

科学的な全身観相が可能となってコンビニやスーパー、デパートなどにそのシステムが配置されれば、来店客が買う商品もある程度予測できるようになります。

そんな未来がやってきたならば、伝統的な観相も新たに生まれ変わり、私たちの生活や社会にさまざまな恩恵をもたらしてくれるはずです。

テクノロジーの発達によって、観相が私たちにとってより身近な存在となる。そんな日が意外と早く来るかもしれません。

二〇一九年四月

丁宗鐵

【著者】
丁宗鐵（ていむねてつ）
1947年東京生まれ。横浜市立大学医学部卒業。同大学大学院医学研究科修了。医学博士。79年から81年まで米国スローン・ケタリングがん研究所に客員研究員として留学。日本東洋医学会漢方専門医・指導医。現在、日本薬科大学学長。漢方医療の専門家として、『図解 東洋医学のしくみと治療法がわかる本』（ナツメ社）、『病気にならない朝カレー生活』（中経の文庫）、『名医が伝える漢方の知恵』（集英社新書）、『その生き方だとがんになる——漢方治療の現場から』（新潮文庫）、『ガンが逃げ出す漢方力』（ヴィレッジブックス）ほか著書多数。

平凡社新書910

顔の読み方
漢方医秘伝の観相術

発行日——2019年4月15日　初版第1刷

著者——丁宗鐵
発行者——下中美都
発行所——株式会社平凡社
東京都千代田区神田神保町3-29　〒101-0051
電話　東京（03）3230-6580［編集］
　　　東京（03）3230-6573［営業］
振替　00180-0-29639
印刷・製本—図書印刷株式会社
装幀——菊地信義

© TEI Munetetsu 2019 Printed in Japan
ISBN978-4-582-85910-2
NDC 分類番号148.1　新書判（17.2cm）　総ページ192
平凡社ホームページ　http://www.heibonsha.co.jp/

落丁・乱丁本のお取り替えは小社読者サービス係まで
直接お送りください（送料は小社で負担いたします）。

平凡社新書　好評既刊！

858
なぜ私たちは生きているのか
シュタイナー人智学とキリスト教神学の対話
佐藤優
高橋巖
国家・宗教・資本を軸に、生きづらさに満ちた世界への処方箋を探る対談。

859
ルネサンス再入門
複数形の文化
澤井繁男
多様な文化的位相が共生していた時代としてとらえるルネサンスの新たな見方。

860
遺伝か、能力か、環境か、努力か、運なのか
人生は何で決まるのか
橘木俊詔
能力格差、容姿による格差など、生まれながらの不利をいかに乗り越えるか。

861
通じない日本語
世代差・地域差からみる言葉の不思議
窪薗晴夫
進化する若者言葉から方言の豊かな世界まで、日本語の特徴をわかりやすく解説。

862
目に見えない世界を歩く
「全盲」のフィールドワーク
広瀬浩二郎
目が見えないからこそ見える世界とは。「全盲」から考える社会、文化、人間。

863
21世紀の長期停滞論
日本の「実感なき景気回復」を探る
福田慎一
上がらない物価、伸び悩む賃金、広がる格差……、人々の不安をいかに解消するか。

864
吉原の江戸川柳はおもしろい
小栗清吾
もてたがる男たちと、それを手玉に取る女たちの攻防戦を、川柳で可笑しがる。

865
一神教とは何か
キリスト教、ユダヤ教、イスラームを知るために
小原克博
唯一神を信じるとはどういうことか。世界人口の過半を占める3つの宗教を知る。

平凡社新書　好評既刊！

866 入門　資本主義経済　伊藤誠

広がる格差、年金・介護の不安……。競争的市場経済は私たちに何をもたらしたか。

867 「脱原発」への攻防　追いつめられる原子力村　小森敦司

電力自由化、東芝経営危機、損害賠償裁判などで壊れゆく「ムラ」の実態。

868 イギリス肉食革命　胃袋から生まれた近代　越智敏之

大量の安い肉の需要に応えた革命は、どんな壁を越えどんな近代をもたらしたか。

869 パブリック・スクールと日本の名門校　なぜ彼らはトップであり続けるのか　秦由美子

パブリック・スクールと日本の中高一貫校の共通点、彼らから学ぶべき点とは。

870 テレビに映らない北朝鮮　鴨下ひろみ

不機嫌な独裁者は何を見据えているか。長年の取材をもとに描くこの国の断層。

871 90年代テレビドラマ講義　藤井淑禎

野沢尚、野島伸司らによって新風が吹きこまれた90年代の代表作を分析する。

872 保守の遺言　JAP.COM衰滅の状況　西部邁

稀代の思想家が〝死者の眼に映る状況〟をつづった絶筆の書。自裁の真意とは。

873 水滸伝に学ぶ組織のオキテ　稲田和浩

梁山泊の豪傑達を現代企業の役職に置き換え、物語をダイジェストで読み解く！

平凡社新書　好評既刊！

874
「ネコ型」人間の時代　直感こそＡＩに勝る
太田肇
飼い主に従順な「イヌ型」から、自由に自発的に行動できる「ネコ型」人間へ。

875
江戸の科学者　西洋に挑んだ異才列伝
新戸雅章
世界に伍する異能の科学者が江戸時代の日本にいた！ 11人の波瀾万丈の生涯。

876
作家のまんぷく帖
大本泉
この食にして、この人あり！ 22人の文豪たちの強烈な〝食歴〟を一挙に紹介。

877
自己実現という罠　悪用される「内発的動機づけ」
榎本博明
過重労働へと駆り立てる〝心理〟に騙されるな！「やりがい搾取」の構図を解き明かす。

878
バッハ　「音楽の父」の素顔と生涯
加藤浩子
暮らした街で辿る「偉大な常識人」の生涯と作品の秘密。近年の新発見も詳述！

879
自分史のすすめ　未来を生きるための文章術
小池新
自分だけの物語を書いてみよう。通信社の元編集委員が伝える自分史の手引き。

880
戦場放浪記
吉岡逸夫
数多くの修羅場を潜ってきた〝放浪記者〟が見た戦争のリアル、異色の戦場論。

881
ニッポン　終着駅の旅
谷川一巳
日本各地の終着駅へ、そしてバスやフェリーを乗り継いで新たな旅を再発見しよう！

新刊書評等のニュース、全点の目次まで入った詳細目録、オンラインショップなど充実の平凡社新書ホームページを開設しています。平凡社ホームページ http://www.heibonsha.co.jp/ からお入りください。